软实力与中美竞合

JOSEPH S. NYE JR.
〔美〕约瑟夫·奈〔著〕
全球化智库（CCG）◎译

SOFT POWER AND GREAT-POWER COMPETITION

SHIFTING SANDS IN THE BALANCE OF
POWER BETWEEN THE UNITED STATES AND CHINA

中信出版集团 | 北京

图书在版编目（CIP）数据

软实力与中美竞合 /（美）约瑟夫 · 奈著；全球化智库（CCG）译 . -- 北京：中信出版社，2023.3（2025.5 重印）
书名原文：Soft Power and Great-Power Competition
ISBN 978-7-5217-4982-3

Ⅰ. ①软… Ⅱ. ①约… ②全… Ⅲ. ①综合国力—研究—中国 ②中美关系—研究 Ⅳ. ① D6 ② D829.712

中国国家版本馆 CIP 数据核字（2023）第 040397 号

软实力与中美竞合
著者：［美］约瑟夫 · 奈
译者：全球化智库（CCG）
出版发行：中信出版集团股份有限公司
（北京市朝阳区东三环北路 27 号嘉铭中心　邮编　100020）
承印者：河北鹏润印刷有限公司

开本：880mm × 1230mm　1/32　印张：7.75　字数：155 千字
版次：2023 年 3 月第 1 版　印次：2025 年 5 月第 2 次印刷
京权图字：01–2020–4375　书号：ISBN 978–7–5217–4982–3
定价：79.00 元

服务热线：400–600–8099
投稿邮箱：author@citicpub.com

目　录

第二部分
美国如何运用软实力

第三部分
中国软实力的上升

第四部分
中美关系与软实力的作用

推荐序

寻找中美关系的“正和博弈”

1972 年 12 月 7 日，距离地表 29 000 公里，人类在太空中为地球拍摄了首张全景照片——“蓝色大理石”。一个所有人赖以栖居的蓝绿色小岛漂浮在浩瀚的黑色太空海洋中，这一幕让人与人之间、国与国之间的分歧、矛盾、纷争、冲突、冷战、热战……瞬时都变得那么渺小，承载着所有生命和所有国家利益的地球也不过是宇宙中的一颗玻璃弹珠而已。这是我在新著《CCG 对话全球》（*Understanding Globalization, Global Gaps, and Power Shifts in the 21st Century*）引言中所提到的，此番重述，是想打消读者们的一个期待：不要指望约瑟夫·奈教授在这本书中论述美国软实力强还是中国软实力强，抑或中国会赢得大国竞争还是美国会胜出，而要拿出更宏大的视角来审视中美两国关系对自身乃至全世界的影响，从而真正汲取奈教授的智慧。

21世纪已经流逝了1/5左右。我们已然见证了世界格局从“一超多强”转变为“两超多强”：2021年，中美两国GDP（国内生产总值）总额超过40万亿美元，占全球的比重超过40%。我们还见证了全球权力正在发生历史性大转移：从西方转向东方——美国是守成大国，中国是崛起大国；美国被视为西方世界的代表，中国被视为亚洲复兴的核心。奈教授提出了一个发人深思的问题：“我们如何才能使从西方向东方的权力转移以一种惠及所有国家的形式实现，而不会导致具有破坏性的大国竞争？”

毋庸置疑，此处的“大国竞争”主要指中美竞争。中美关系将书写21世纪最重要的双边关系，处理得好则造福两国、惠及世界，处理不好则殃及全球。

面对当前中美关系的不确定性，许多人困惑下一步将如何演变。2021年4月，在我跟奈教授的一场对话中，他提出一个奈氏“20年周期论”：新中国成立初期20年，中美双边关系十分艰难，还在朝鲜交战；1972年尼克松访华，开启了双边关系改善的20年；1992年克林顿政府上台后，双边关系保持良好，这20年间中国加入了WTO（世界贸易组织），深度融入世界经济与国际秩序；2015—2016年特朗普势力崛起后，双边关系下滑，目前正接近走到新周期的中点（2025年）。按照该周期论推演，奈教授预计到2035年中美关系将开始向好。“我希望这个周期不要持续那么久。”他说。我相信许多人都期待如此。简言之，中美关系好，世界就好，中美关系不好，世界其他国家也忐忑，因为许多国家并不想在中美之间选边站。让我们拭目以待，看奈氏“20年周期论”能否再次得到验证。

* * *

早在2010年，我和约瑟夫·奈便相识了，当时我正在哈佛大学肯尼迪政府学院担任高级研究员，奈是该学院的教授和前院长。我们一见如故，此后多年里保持着深度交流，我经常拜读他的文章、书籍并通过邮件跟他交流观点。最近两三年，新冠疫情导致人员往来受阻，我们多为线上交流。2020年年初我们作为对话嘉宾一起参加博鳌亚洲论坛研究院组织的“疫情与经济”线上研讨会，10月又一起参加欧洲智库“欧洲之友”（Friends of Europe）主办的线上圆桌会议，次年4月我还邀请他参加“CCG对话全球”视频节目，此次对话实录收录于这本书中以飨读者。此外，奈教授还为我主编的《共识还是冲突？》（*Consensus or Conflict?*）一书贡献了一篇名为《中美之间：展望未来40年》（*China and the United States: Looking Forward 40 Years*）的前瞻性文章。

十余年弹指一挥间。奈教授给我的印象是聪敏睿智、视野宏大、极富远见，并且平易近人。他目前已经年逾八旬，但精神矍铄，笔耕不辍，几乎每个月都会发表一两篇高水准的国际政治评论文章，还经常飞赴美国各地和世界多地参加重要活动及主持会议，并时常接受媒体采访。此外，他还担任阿斯彭战略集团联席主席。该集团主办的阿斯彭安全论坛极具影响力，每年有来自美国政府、战略界、智库、外交使团、非政府组织等各界约 400 人参会。

奈教授的职业生涯是“学而优则仕”的典型，他从哈佛学者转型担任卡特政府助理国务卿、克林顿政府国家情报委员会主席和助理国防部长，而后又重返哈佛大学担任肯尼迪政府学院院长。奈教授的学术成就也令人仰止，他是西方著名的国际政治学者。1973 年因与罗伯特·基欧汉合著的《权力与相互依赖》（*Power and Interdependence*）一书而成为新自由主义学派理论代表人物。1990 年，他在《美国注定领导世界？——美国权力性质的变迁》（*Bound to Lead: The Changing Nature of American Power*）一书中首次提出“软实力”概念，并在同年秋季刊的《外交政策》上发表同名文章，此后他丰富和发展了软实力理论，被学界誉为“软实力之父”。按照奈教授的定义，一国的实力包括“硬实力”（经济、军事、科技等）和“软实力”（文化、价值观、外交政策等影响自身发展潜力和感召力的因素），软硬结合起来方能形成“巧实力”。2004 年，他出版《软实力》（*Soft Power*）一书，系统阐述软实力概念与理论。2020年年初，他又出版了《美国总统及其外交政策》(*Do Morals Matter? : Presidents and Foreign Policy from FDR to Trump*)一书，用“道德”这个相当有趣且重要的视角来审视美国外交政策的演变，帮助读者理解今日美国和世界之变化。

每每读奈教授的文章和书籍，我总是感觉他的视线有种历史穿透感，经常提纲挈领地拎清事物的发展脉络和核心转折，省却读者在一片芜杂中摸索。他文字简洁，文风雄辩，文章通篇充满理性思辨，可以作为国际关系和外交学专业学子学习和写作的范本。

值得一提的是，在与奈教授十余年的交往中，他亲自回复我的每一封邮件，这颇令我感动。

* * *

与奈教授在哈佛大学肯尼迪政府学院初相识时，中美关系尚未滑入今日之低谷。彼时，美国的外交政策受“9·11”事件影响聚焦于打击恐怖主义并以中东地区为重点，中国刚举办过奥运会，又随之庆祝加入WTO满10周年。奈教授以一个国际政治学者的敏锐性早在此前十多年便关注中国的崛起，他在1998年发表的文章中写道，“中国崛起”这一表述并不恰当，“复兴”会更为准确。2005年年末，他在《华尔街日报》上发表文章首次论述中国软实力，谈及中国传统文化的魅力、中国影视作品的海外传播、中国获得2008年夏季奥运会的主办权、倍增的来华留学生人数和外国游客人数，加之中国的GDP增加到改革开放前的三倍，以及对外经济援助和开放市场等，都使中国自身吸引力大增，但奈教授也指出，“中国的软实力同样有很长的路要走”。2009年，他发表文章指出中国的软实力正处于早期发展阶段，其基础也与美国或其他发达国家的截然不同，并首次论述了中美软实力的互动，指出“几乎没有证据表明，中国软实力的提升是为了抗衡美国的软实力”，“那种认为中国的发展模式势必会挑战西方模式和价值观的看法也是值得商榷的”，“无须将中美之间的软实力互动视为一种竞争，而应将其视为一种更加复杂的竞合关系”。

2012年，奈教授来华在北京大学做了关于软实力的报告，他在演讲中谦逊地说，虽然“软实力”概念是自己在20多年前才提出的，但其在人类历史上早已有之且被不自觉地加以运用，老子所谓“太上，不知有之”便包含着发挥软实力的意蕴，足见其源远流长。① 他谈到了软实力并非美国所独有，中国传统文化是中国软实力的源泉，儒家思想重视社会和谐、礼、孝和恻隐之心，这些价值观影响了东亚大部分地区，而且正如亨利·基辛格所撰述的：“在中国版的例外论中，

① 奈的原话是：“It is implicit in Lao-tsu’s comment that a leader is best not when people obey his commands, but when they barely know he exists.”“太上，不知有之”出自《道德经》第十七章，该章最后一句是“功成事遂，百姓皆谓我自然”。

中国没有向外输出价值观，而是让别人心向往之。”[①] 此外，中国卓越的经济成就是其软实力的另一个主要来源。在过去40年间，中国使数亿人摆脱了贫困，这令中国具有吸引力和影响力，也令其他国家赞赏。

2019年，奈教授来华参加奥美集团主办的一场研讨会，在会议间隙，他谈及中国企业“走出去”可以助力中国软实力的提升，前提是建立起海外品牌形象，提高合规经营水平。中国企业“出海”也是CCG的重要研究领域，在与奈教授共进午餐时，我们就跨国公司形象与国家软实力的互动做了进一步交流。

奈教授长期以来坚持一个观点，即“软实力可以是正和的，双方可以同时受益——虽然并非总是如此，但在某些情况下是可以的”。在2021年春天与我的对话中，他又重提“软实力并不必然是零和游戏”，并举例说，“如果中国变得对美国更有吸引力，美国变得对中国更有吸引力，那么这将有助于我们克服分歧”。我赞同他所说的。这次对话距离特朗普发动对华贸易战已接近三年，多轮交锋使中美关系陷入低谷，徘徊在历史性的十字路口；拜登政府则刚刚入主白宫，对华政策尚不明朗。换言之，短短几年间国际政治环境已经发生了大逆转，“中国威胁论”甚嚣尘上，“修昔底德陷阱”也被

① 亨利·基辛格的原语是：“In the Chinese version of exceptionalism, China did not export its values but let others come to seek them.”

一再重提而成为热门术语。

* * *

在太平洋彼岸，特朗普政府上台后调整了奥巴马时期的对华政策。自2017年开始，华盛顿的优先事项也从中东地区转向亚洲并关注大国竞争。中美竞争下一步将如何演变？中国在经济和军事上持续崛起，美国将如何应对？中美之间会不会爆发军备竞赛？美国是否会结成冷战式联盟，将中国定义为主要竞争对手？美国将如何应对中国在经济和科技领域的继续崛起？美国是否愿意接受中国成为全球最大经济体和顶尖的技术创新国家？又或者，美国是否会将中国视为主要战略竞争对手，并压制其经济和技术发展？

一系列问题的背后都隐现着“修昔底德陷阱”的阴影，简言之，中国实力的上升给美国造成了担忧和焦虑。过去30多年来，奈教授一直撰文从不同角度解读实力（权力）的性质与中美关系。放在历史大背景下看，两国关系发生变化的根本原因是中国的崛起。表象背后是实力变化引发的新调适和混乱。奈教授认为，崛起大国让守成大国感到恐惧，这可能是冲突的根源，但并不必然掉入“陷阱”，因为中国不会对美国构成生存威胁，美国也不会对中国构成生存威胁。他不喜欢一些人用“新冷战”来描述中美关系，因为这是对历史的误读，今日的大国竞争无法沿用20世纪的老套路来处理，中美之间存在着比美苏之间更大程度的经济、社会和生态相互依存。正确的做法是加强已有的“社会相互依存”，如留学生、游客、人文交流等，并在“经济相互依存”上有所作为，不让一些领域的“脱钩”引致代价高昂的整体经济脱钩，最后还须管理好中美关系大局，避免误判和意外。

按照“20 年周期论”推演，预计到 2035 年中美关系将开始向好，奈教授也认为两国间的激烈竞争不可避免，很有可能会持续 20 年。那么，如何管控好这种大国竞争，使之在良性范畴而不会引发破坏性的后果呢？

＊＊＊

首先，我们必须正视 21 世纪中美面临的现实。

2021 年 4 月，我在同“修昔底德陷阱”的提出者格雷厄姆·艾利森教授对话时，谈及双方面临的三大客观情况：核武器带来“互相保证毁灭机制”、气候威胁以及“脱钩”的同时如何能够不削弱中美两国自身。

破局思维是看到中美之间不仅有竞争，还有合作。

当前一些政客和分析人士把中美局势描述为“新冷战”，奈教授认为这是将中国陷于意识形态框架却无视中美两国面临的真正的战略性挑战。他反驳道，即便两国实现了“脱钩”，又如何解除生态上的相互依存？这遵循的可是生物和物理法则而非政治法则。他认为“我们［美中］没有必要卷入一场新的冷战，更不需要卷入一场毁灭性的热战。未来 40 年，随着中国实力的增长，美中两国都需要调整自己以适应新情况。美中应该保持‘合作竞争’（cooperative rivalry）关系，这两方面中的任何一面都不能被忽视”。他曾引用澳大利亚前总理陆克文的一句话：[美国] 与中国进行大国竞争的目标不是彻底战胜生存威胁，而是“有管理的战略竞争”。

奈教授一再重述他的两个重要观点：“分享权力”和“正和游戏”。他认为，可以确定的大趋势是：全球将继续保持互联，孤立主义是行不通的，唯一的出路是合作与接触。在《美国总统及其外交政策》一书中，他谈到一个国家不能只想着凌驾于其他国家之上，也必须考虑分享权力。当前，信息革命和全球化正在极大地改变全球政治，在面对全球性挑战，如新冠疫情和气候变化时，权力成为一个“正和游戏”。在应对全球性问题上，赋权其他国家也有助于本国实现目标。美国和中国领导人都必须认识到这一点。他呼吁美国和中国避免相互妖魔化，并认为如果中美两国都能够让自己在对方心目中变得更有吸引力，那么两国之间发生破坏性冲突的概率就会减小。倘若中国软实力的提升能够降低冲突发生的可能性，那么这自然会成为“正和关系”的一部分。这既是奈教授长期研究的结论，也是这本书的编写主旨。

我于 2008 年创办的 CCG 一直致力于促进中国软实力的提升，我同意奈教授所说的，“一个国家的软实力主要来自公民社会”，在此我倡议：中国的民间主体，不论是个人、企业、智库，还是其他组织，都要有促进中外友好的高度意识，了解东西方价值观与文化差异，行走世界时做到相互尊重、谦和自信，从而给外国民众留下良好的印象；若能更进一步，主动开展“二轨外交”，与西方专家学者和政商界精英进行常态化交流，并与国外机构合办国际论坛或发起新型多边国际组织等，就可以在国际舆论场上设置议题，引领公共舆论，凝聚共识，团结和扩大知华友华人士。这些年来，CCG 积极活跃于国际多边场合，参加慕尼黑安全会议、巴黎和平论坛等并主办分论坛；发起设立“CCG 名家对话”节目，与安格斯·迪顿、托马斯·弗里德曼、马丁·沃尔夫、帕斯卡尔·拉米、约翰·桑顿、马凯硕、托尼·赛奇、尼尔·布什、戴维·兰普顿、斯蒂芬·罗奇、吉姆·奥尼尔等数十位国际意见领袖和专家学者交流观点；2021 年，CCG 又发起了“国际青年领袖对话项目”（GYLD），旨在构建不同国家和不同领域的国际青年英才对话机制，外籍青年代表还获得习近平主席的回信。总之，我们做出的努力让 CCG 连续多年名列宾夕法尼亚大学全球智库排行榜百强，并成为第一个获得联合国特别咨商地位的中国智库。

* * *

通读这本书，细心的读者会发现，有些文章奈教授是站在美国利益的立场上来撰写的。譬如，在第一部分开篇，他谈到自己提出“软实力”的源起就是反驳当时盛行的美国衰败论。在第二部分，他也是基于美国利益来谈论软实力与美国外交政策。此外，他还发表文章痛斥特朗普政府的“美国优先”策略，认为这破坏了美国的软实力，导致美国在世界其他国家和人民心目中的吸引力下降了。

在第三和第四部分，我们会发现奈教授兼具国家利益视角与“第四人称视角”，在观察中国软实力和论述中美关系时秉持学者的中立性，以中美竞合对两国、对世界、对未来影响的宏大视野，透过表象抓住本质并提出解决方案或建议。

中美关系历经风风雨雨，曲折前行。在当前的历史性大变局下，旧有的国际秩序正面临深刻调整，新的国际秩序的建立将面临许多挑战，不管中美两国在其间发挥何种作用，有一个问题确凿无疑：技术和环境领域的挑战需要两国合作应对。气候变化造成的危害可能远远超过战争带来的破坏规模，而造成数百万人死亡的新冠疫情也并非人类面临的最后一次大流行病。好消息是，2022 年 11 月习近平主席与拜登总统在巴厘岛会晤，就中美关系中的战略性问题和重大全球与地区问题交换了看法，12 月中美双方又举行了廊坊会谈，这些都传递出积极的信号。我相信，虽然 2 500 年前“修昔底德陷阱”的幽灵时不时地浮现在人类历史上空，但有句古罗马谚语也可以用于阐释地缘政治议题，以适当地对冲修昔底德的魔咒：如果你的邻居富有，你也容易变得富有；如果你的邻居是个穷光蛋，那你也富裕不到哪里去。“地球村”里各国比邻而居，太平洋两岸可以受益于彼此的国力强盛，其他国家也将从中获益。别忘了，我们可是生活在同一颗“蓝色大理石”星球上。

对中国读者来说，约瑟夫·奈并不陌生，他参与合著的《理解全球冲突与合作：理论与历史》《权力与相互依赖》《牛津国际关系手册》等早已被翻译并引进国内，而且作为大学的专业参考书一再重印；他的专著《论权力》《软实力》《巧实力》均由中信出版集团出版，在国内引发了“软实力”研究和讨论高潮；此外，他的《美国世纪结束了吗？》《美国总统及其外交政策》等著作也备受国内学界关注。

奈教授的这部《软实力与中美竞合》能够顺利出版，我要感谢中信出版社同人对这本书的辛苦付出，也期待读者们在阅读奈教授对于实力和中美关系 30 余年的研究时，能够读懂他思想的发展脉络，并在局势变幻中发现他稳定的观察视线。

此外，我还想感谢本书的译者团队：李艳洁（翻译“对话”和第一部分）、白瑞霞（翻译第二、第四部分）、白云峰（翻译第三部分），任月园审定了全书译稿。

我想引用奈教授在《中美之间：展望未来 40 年》一文中

的话语来结束本序："未来在到来之前有无限可能性。美国、中国和世界的命运并没有被封印。"是的，美国、中国和世界的命运取决于我们当下的选择与行动。

王辉耀

博士、教授、CCG 理事长

2022 年 12 月于北京

致中国读者：

本书甄选了我在过去 30 年撰写的从不同角度解读实力的性质与中美关系的文章。细心的读者可能会注意到，随着时间的推移，我的重点有所变化，但也有些重点保持了连贯性。美国和中国是世界上最大的两个经济体，深度相互依存。中国是崛起大国，美国是守成大国，但两国没有必要走向战争，因为战争对两个国家和世界经济将是灾难性的。

中国和美国对对方的存在不构成威胁。恰恰相反，两国可以从合作中获益。尽管一定程度的大国竞争不可避免，但最佳做法是管控好竞争或建立竞合关系。脱钩是不可能的。经济上完全脱钩的代价将是巨大的。此外，气候变化和疫情等所导致的生态依存遵循的是物理和生物法则，而不是政治法则。合作应对跨国挑战会是一个正和游戏。如果这些文章能够帮助我们更好地理解世界并建立这样一种关系，那花时间写作和阅读这本书就值得了。这就是我对本书寄予的希望。

约瑟夫·奈

2022 年 8 月

于马萨诸塞州剑桥市

对　话

中美之间的权力平衡

对世界上最大的两个经济体——美国和中国之间持续的大国竞争，人们大多从权力平衡的角度来看待。在 2021 年 4 月 28 日与王辉耀博士[①]的对话中，奈教授探讨了软实力在外交政策中的作用和影响、两国民族主义的抬头、中美在经济与社会方面的共存及相互依存关系，以及两国合作应对气候和贸易等重要全球性议题等一系列话题。

① 王辉耀，全球百强智库全球化智库（CCG）的创始人和理事长，巴黎和平论坛执委。

王辉耀：你最近的著作《美国总统及其外交政策》探讨了多个维度。这是个很好的开场话题。

约瑟夫·奈：我认为，世界权力如何变化以及这种变化将如何影响中美关系，绝对是我们这个世纪的核心议题。在《美国总统及其外交政策》的最后一章，我提到了21世纪正在进行的两重大型权力转移。一重是从西方到东方的权力转移，本质上是权力从欧洲和大西洋向亚洲和太平洋转移。想想18世纪的世界，当时亚洲拥有世界一半的人口和经济总量。1900年，亚洲人口仍然占世界的一半，但经济份额只占全球的20%了，这是因为工业革命在欧洲和北美兴起。21世纪，我们将看到亚洲的份额回归正常比例。这是一个漫长的过程，但我认为这是一个非常重要的权力转移。

许多人认为这场权力转移就是因为中国的崛起。当然，中国一直是权力转移的核心。但是，这场权力转移实际上始于明治维新后日本的崛起，随后是印度的崛起。中国是亚洲的很大一部分，但亚洲显然是一个更广泛的概念。那么，我们如何才能使从西方向东方的权力转移以一种惠及所有国家的形式实现，而不会导致具有破坏性的大国竞争？

另一重大型权力转移，我将称之为“纵向的”而不是“横向的”转移，即权力从政府向非国家行为体转移。这是由技术和生态全球化而不是经济全球化驱动的。大流行病和气候变化等威胁没有国界限制，且任何政府都无法单独控制，必须通过与其他政府合作来应对。这就是为什么在书中，我讨论第一种权力转移时将它描述为横向的，并认为它可能导致“权力竞争”，即传统意义上的“以权力控制”其他国家。而权力从政府向非国家行为体的纵向转移则是另一种形式，即“分享权力”而不是“以权力控制”，因为没有一个国家可以独自解决那些问题。例如气候变化，中国仅靠自己是解决不了的，美国和欧洲也不能。要解决问题就必须合作，这对我们每个人来说都非常重要。如果喜马拉雅山上的冰川融化，那就会摧毁中国的农业。如果海平面上升，那么佛罗里达州的大部分都会降到水面以下。美国或中国都无法单独应对这些，我们必须合作。这就是“分享权力”的重要性。

所以，我在《美国总统及其外交政策》一书中主张，这两种权力转移导致了对两种不同类型权力的强调，即“控制他人的权力”和“与他人分享权力”。要我们学会在同时管理这两种类型权力的世界中生存，这并不容易。人们总是喜欢把事情简单化——非此即彼。事实上，这两者总是共存的。

王辉耀：谢谢你，约瑟夫。你详细地说明了正在发生的权力转移，以及横向的“控制他人的权力”和纵向的“与他人分享权力”的性质。

你是实力叙事领域的权威，尤其是“软实力”。你在1990年出版的《美国注定领导世界？》一书中第一次提出“软实力”的概念，挑战了“美国正在衰落”的传统观点。美国仍然是一个强大的国家。你如何看待自那以后美国软实力的发展？我们能从美国的经验中学到什么？例如，美国的大学仍然是全球最好的大学，吸引着全球的人才。特朗普政府过去几年的执政如何影响了美国的软实力？

约瑟夫·奈：嗯，软实力是通过吸引而不是强迫或收买来影响他人的能力。我第一次提出这个想法是在20世纪80年代末，当时人们普遍认为美国正在衰落，我认为这是不正确的。但是当我把军事力量和经济力量等常见的资源加起来之后，我觉得还是少了一些东西，那就是吸引的能力，所以我才提出了这个软实力概念。

这些年来，美国的软实力有起有落。在特朗普总统执政的过去4年里，我们看到美国软实力大幅下降。特朗普总统的民粹民族主义和他的总体态度使美国的吸引力降低。我认为，过去4年对美国的软实力来说是糟糕的几年。这一点，你可以从皮尤或者盖洛普等机构的民意调查和国际舆论中看出来。不过，我认为在拜登政府领导下，美国软实力很可能会恢复。他已经扭转了特朗普总统所做的一些特别不受欢迎的事情，例如退出《巴黎协定》和世界卫生组织。拜登总统的这些做法是有帮助的。此外，我认为，拜登总统的态度总体上更少倾向于本土主义和民族主义，因此将使美国对其他国家更具吸引力。

这是否预示着美国的衰落？对我来说有趣的是，总是有人认为美国正在衰落。这种想法总是隔一段时间就出现。这些观点忽视了美国人的复原能力和自我再生能力。以20世纪60年代为例，当时美国因越南战争在世界上非常不受欢迎，但到了七八十年代，美国的软实力已经恢复。所以，从这个意义上说，尽管美国在特朗普执政期间度过了糟糕的4年，但我并不认为这是美国衰落的迹象。我认为这更像是美国过去经历过的那种典型周期，我预计美国很可能会从这个周期中恢复过来，就像过去那样。

王辉耀：自20世纪末以来，世界已经发生了很多变化。在21世纪前20年，我们看到全球化迅速扩大，跨国公司在全球更广泛的范围内开展业务。但有一种观点认为，虽然跨国公司扩大了业务，但并未给母国或东道国带来足够的利益。例如，在美国，贫富差距扩大，助长了民粹主义和民族主义抬头。你如何看待这种不仅损害美国软实力，也损害其他国家软实力的“去全球化”？软实力曾遇到过挫折吗？

约瑟夫·奈： 嗯，我认为你是对的，全球化带来的影响之一就是对国内社会的不同群体产生挑战，这激发了民粹主义和民族主义的反应。如果你是美国中部的工厂工人，你因为工作流向中国或越南而失业了，你就不太可能支持全球化，而是会反对全球化，许多这样的人最后投票支持了特朗普总统。再者，你还可以说这加剧了不平等，一些人从全球化中受益，其他人则没有，日益加剧的不平等导致了政治体系中另一个紧张形势。因此，一个国家的软实力不仅取决于它怎么说，还取决于它怎么做和它在国内践行自身价值观的方式。从这个意义上说，我们已经看到全球化导致了一定程度的民粹主义，这又导致了政治极化，从而削弱了美国的吸引力或软实力。我认为这是一个真正影响软实力的因素。拜登总统正在做的一件事是专注于国内议程，试图治愈全球化导致的许多负面影响，我认为他正朝着正确的方向前进。

全球化确实会导致某种反应，而这种反应会削弱软实力。这并不是说软实力没那么重要了，但这确实意味着在那种情况下保持软实力更难了。当发生破坏性的社会变革时，你会看到民粹主义和民族主义倾向。许多国家都出现了这种趋势。民族主义可能变得对国内的人有吸引力，但按照它的定义，由于民族主义使一个国家与其他国家对立起来，它对他国几乎没有吸引力。这对美国和中国来说是一样的。例如所谓的“战狼”外交，作为对中国民族主义的回应，它在中国国内可能很受欢迎，在其他国家却不是这样。

王辉耀：你在 2005 年为《华尔街日报》写的一篇文章中提出了一个观点，即 NBA 球星姚明、电影《卧虎藏龙》和北京获得奥运会主办权都体现了中国软实力的崛起。

中国有着 5 000 年的历史和丰富的文化资源。我们看到，在帮助中国应对气候变化和疫情上，集体主义具有优势。那么，你如何看待中国的软实力以及可以采取哪些措施来增强它？

约瑟夫·奈：中国的软实力有很多来源。富有吸引力的中国传统文化当然是其中之一。事实上，软实力的概念可以追溯到老子等伟大的中国思想家。我可能创造了“软实力”这个词，但以吸引力影响他人的概念源于中国古代哲学。因此，中国传统文化是中国软实力的源泉。中国软实力的另一个主要来源是中国卓越的经济成就。过去 40 年里，中国使数亿人摆脱了贫困。这一点广受推崇，令中国具有吸引力和影响力。

尽管中国的软实力有深厚的底蕴，我认为也存在一些问题。当与邻国发生冲突时，例如，中国在南海与周边许多国家有冲突，也与印度有边界冲突，中国很难对这些国家发挥软实力。你可以在新德里建一所孔子学院教授中国文化，但如果中国士兵和印度士兵在喜马拉雅山脚下发生冲突，中国就难以吸引印度人。

因此，影响中国软实力的一个问题是中国与一些邻国存在的边境冲突。另一个限制中国软实力的问题是，一个国家的软实力主要来自公民社会，而不是政府。公民社会使一个国家更有吸引力和更具韧性。政府的严格控制会降低公民社会的灵活性和吸引力。

王辉耀：我认为我们对这些事情有不同的理解。中国有14亿人，制定软实力的标准和措施将是一个循序渐进的过程。例如，中国的集体社会有5 000年历史，人们愿意为了整体利益而牺牲一些个人自由。这在对抗新冠疫情上取得了良好的效果。在中国，你现在几乎可以去任何地方，不需要太担心感染新冠病毒。所以，我认为一些因素是不断变化的，总有改进的余地。

你在最近的著作《美国总统及其外交政策》中分析了1945年之后的美国时代，从罗斯福总统到特朗普总统执政时期，道德在美国外交政策中的角色。现在我们面对的世界更加复杂，你已经分析了拜登总统之前的14位总统，那你如何看待拜登总统任职这100天？

约瑟夫·奈：要对拜登总统做出历史评判还为时过早，毕竟他现在上任只有三个月。但是，到目前为止，他看起来干得还不错。特朗普总统为了获得支持，采取了分裂政治的立场，他在美国公众中的支持率从来没有超过50%。拜登总统采取了不同的做法，试图吸引到更广泛的支持。他的支持率在57%左右。这表明了他们不同的领导风格，这是个好兆头，但现阶段评判他还为时过早。

王辉耀：你认为拜登总统和习近平主席在世界面临疫情和气候变化的情况下，可以在中美关系上表现出某种道德考量吗？如果中美能够携手抗击疫情，那么世界可能会更加有序。我认为这种道德领导力对拜登总统和习近平主席都很重要。

约瑟夫·奈：完全正确，我确信这一点。我认为我们必须将中美关系视为我所说的“合作竞争”。双方会在某些领域存在竞争。例如，对南海航行的不同看法将是一个传统的竞争领域。但是，涉及生态相互依存，例如气候变化和疫情，情况就不同了。病毒没有国界，它们只想繁殖，因此不管政府怎么说，也不管政治形势怎么样，它们都会到处扩散。温室气体也是这样。从这个意义上说，我们必须认识到，作为全球化的一种形式，生态相互依存是需要合作的。因此，中美将在一些领域开展竞争，同时也必须合作。上周拜登总统召开了线上气候峰会，我很高兴看到习近平主席、普京总统等人都参加了，因为在必须合作的领域克服竞争，对我们来说确实是至关重要的。除了合作，没有别的选项。

王辉耀：你之前说过，软实力的发展并不必然是零和游戏。你认为中美两国能否通过在某些领域的合作以获得软实力？例如，拜登总统已经宣布一个重大基础设施计划，而过去 40 年里中国已经成为基础设施领域的领先者，中国的高铁里程数是全球的 2/3，世界十大集装箱港口中有 7 个在中国，也许中国和美国可以在基础设施领域合作？或者开展全球合作抗疫？这是否有助于增强双方的软实力，促进更多合作？

约瑟夫·奈：我想是的。软实力并不必然是零和游戏。例如，如果中国变得对美国更有吸引力，美国变得对中国更有吸引力，那么这将有助于我们克服分歧。

几年前，我与一位杰出的中国学者、北京大学的王缉思教授合写了一篇文章。我们在文章中指出，软实力可以是正和的，双方可以同时受益——虽然并非总是如此，但在某些情况下是可以的。这就是为什么美国和中国找到可以合作的领域很重要，因为如果我们这么做了，那么我们两国在对方的眼中都会更具吸引力。大多数国家不想在中美之间艰难地“选边站”。从这个意义上说，正如你构想的那样，当两国合作，特别是合作提供全球公共产品时，会同时增强中国和美国的软实力。在博鳌亚洲论坛（2021年4月）上，我提到美国和中国可以在帮助贫困国家加强卫生保障，包括提升其疫苗接种能力上进行合作，这对我们和他们都有好处，也将增强我们两国的软实力。

王辉耀： 中美是世界上最大的两个经济体，美国主导构建了战后全球治理体系。中国从这个体系中受益匪浅，现在更加积极地尝试改进这个体系。所以，两国之间有很大的合作可能性。

我注意到你对“修昔底德陷阱”的模式提出了质疑，在这个模式中，崛起大国挑战守成大国。这一点可能是一个真正的挑战，恐惧也在其中发挥了作用，这种情况可能导致自我实现的冲突预言，但我们不应过分强调这一方面。这是一个有趣的观点，也许你可以详细地解说一下。因为我们现在相互依存得如此紧密，我们不想陷入任何致命的对抗。

约瑟夫·奈： 我认为你是对的。崛起大国可以让守成大国感到恐惧，这可能是冲突的根源，但并不绝对。回顾修昔底德所描述的伯罗奔尼撒战争，他认为战争的起因是雅典的崛起和实力引起了斯巴达的恐惧。美国可以控制恐惧的程度——如果美国被恐惧攫住了心神，那么可能会陷入“修昔底德陷阱”。

我自己的看法是，美国不必屈服于这种恐惧。基本上，在我看来，中国不会对美国构成生存威胁，美国也不会对中国构成生存威胁。美国不是要占领中国。所以，从这个意义上说，两国将产生竞争，但美国应该将恐惧限制在一定程度内。这并非生死攸关的恐惧。在这种情况下，再来回顾“修昔底德陷阱”理论：中国的实力可能会继续上升，美国对此无能为力；只有中国对此能有所作为，即如何治理好自己的国家。但针对中国实力上升引起的恐惧，美国可以做点什么？既不夸大中国的威胁，也不要变得过度恐惧。竞争是有益的。这可以让美国改善国内的一些问题，例如基础设施，中国在一些方面已经是领先者。例如在高铁方面，这种竞争是良性的。但如果人们被恐惧攫住了心神，这种竞争就会是毁灭性的。

所以，我的观点是我们应该谨慎使用言语。我不喜欢一些人用“新冷战”来描述中美关系。我认为这是对历史的误读。这预示着比现实情况更加深刻和棘手的冲突。如果你回顾一下美国和苏联之间真实的冷战，就会发现当时双方之间几乎没有经济依存性，但今天的美国和中国之间的情况恰恰相反——每年双边贸易额超过 5 000 亿美元。在真正的冷战期间，美苏之间也没有社会依存性，而如今每年有超过 300 万名中国游客赴美旅游①，超过 30 万名中

① 麦肯锡咨询公司统计数字显示，2010 年中国游客赴美旅行为 80 多万人次，2016 年和 2017 年每年都超过 300 万人次，2018 年赴美中国游客数量减少 5.7%，为 290 万人次。近两年因为新冠疫情暴发，赴美的中国游客数量大幅减少。

国学生在美国留学。因此，中美之间存在着更大程度的经济、社会和生态相互依存。毕竟在冷战期间，我们不太担心气候变化或大流行病。如今，日益加深的全球化和相互依存促使我们小心谨慎地避免使用冷战之类的隐喻，这些隐喻适合历史上的某个时期，但不一定能准确地描述当下。

王辉耀：确实。当中美两国存在如此深刻的经济、社会、生态和技术相互依存时，“冷战”这个词真的已经过时了。所以，中美脱钩或对抗是没有意义的。

我记得你上次到访中国的时候提到了“合作竞争”，中国和美国如何才能实现良性的合作竞争?

约瑟夫·奈：我们可以做的事情之一是加强我们之间已有的联系。留学生、游客、交流，这些都是我所说的“社会相互依存”的重要方面，有助于加深我们的社会之间的理解。

经济相互依存度是另一个可以有所作为的领域。中美两国将在一些涉及安全问题的领域脱钩。例如，美国人出于安全考量，非常担心华为或中兴控制美国的5G通信。我认为在这个领域你不会看到更多的经济相互依存，就像中国出于安全考虑不希望谷歌或脸书在中国境内自由运营一样。因此，双方在一些领域会脱钩，但这并不意味着我们希望看到整体经济脱钩，这对两国来说代价都是极其昂贵的。

最后是如何管理整体关系，以避免误判或意外。用1945年之后酝酿的冷战来做类比的人，是选择了错误的历史时间。正如亨利·基辛格所指出的那样，我们更应该当心1914年的情形。当时，欧洲大国没有一个想打世界大战的，它们预期其在巴尔干半岛的竞争会导致一场短暂而激烈的冲突来纠正力量平衡，然后形势就会恢复正常。但事实正相反，由于误判和未能管理好国际关系中的竞争部分，欧洲大国最终以4年的战争结束了那场竞争。这场战争摧毁了4个帝国，并摧毁了欧洲在全球力量平衡中的中心地位。

我们必须非常谨慎小心，不要让某些事件把我们引向大家都不愿意看到的结局，造成意想不到的后果。这将需要持续地沟通，因此我们需要在相互依存的领域加强合作，但在竞争领域，我们必须更加谨慎和专注于如何相互沟通，以避免误判。我认为，为了防止双边关系变成零和游戏，这是我们必须做的两件事。

正如我之前提到的那样，我仍然对中美长期关系相对乐观。但是，是人就会犯错。这是人类的天性，所以我们必须提防这些错误。

王辉耀：没错。促进相互理解和避免误判非常重要，因为灾难有可能发生。

我记得你曾经说过，一场新冷战是不会发生的，原因有几个：美国人不应该过分担忧中国；地理位置上，美国距离中国很远，美国的邻国对其也很友好；并且，美国在能源上已经能自给自足，而中国还需要进口；在科技方面，美国在很多领域仍然领先全球。因此，美国不应该有太大的理由担心中国。

我希望我们能够在中美关系中建立互信。在拜登总统上任接近100天之际，我们如何才能为中美关系的未来塑造不同的视角？

约瑟夫·奈：我们都应该担忧的一件事是两国国内民族主义的抬头。我刚才提到，全球化带来的不平等和就业破坏以及其他影响，使得美国出现了更多的民粹主义者和本土主义民族主义者，这导致一些人投票给特朗普总统。但坦率地说，民族主义在中国也有所上升。看看中国的网络空间，你会发现上面有大量的民族主义言论。然而，这些无助于建立和增进其他国家对中国的信任。

举个例子，“中国制造2025”旨在发展自主技术，这在中国国内是有道理的，但中国意图在一系列重要科技领域取代美国这个事实在美国引起了恐惧。当习近平主席说中国在2030年将成为人工智能领域的第一时，美国政府将此解读为——中国打算在2030年取代美国。就在中国国内争取全体支持而言，这可能是一个好目标，但每个政治领导人都面临着所谓的“双重受众问题”。一重受众是内部的，另一重受众是外部的，有时在内部收效良好的信息在外部则适得其反。鉴于全球化在一定程度上导致了民族主义的上升，我认为美国和中国都必须慎重对待双重受众问题。

王辉耀：你是对的。要让竞争维持和平的态势，关注国内政治和防止民粹主义失控是很重要的。例如，美国的贫富差距和种族分裂越来越严重。过去几十年里，中国一直在努力缩小收入差距，尽管城乡差距仍然很大。中国已经让8亿人口摆脱了极端贫困，这样贫困就不会催生民粹主义和对全球化以及中国对外开放的不满。我想两国都可以从中借鉴经验。

一个问题是，我们如何才能让跨国公司、非政府组织和非营利性组织等其他参与者共同努力，以实现更具包容性和更加平衡的全球化，尤其是在发展中国家？此外，考虑到新冠疫情对发展中国家的影响，中美合作是至关重要的。上周末我们庆祝了中美“乒乓外交”50周年，当时的口号是“友谊第一，比赛第二”。作为一位经历了双边关系起起伏伏的教授，你对中美关系的未来有何看法？我注意到你已经指出了几种未来模式。

约瑟夫·奈：人们可以想象各种各样的场景。每当你试图猜测未来时，你必须意识到未来不止“一个”。未来有许多种可能，它们受到我们尚未知道的意外事件影响，也受到我们自己的行动和如何选择要遵循的行为的影响。人们可以想象中美关系的未来是好是坏。而我们必须考虑的是，可以做些什么来引导双边关系良性发展，这对双方都有利。

回顾历史，自1945年以来，中美关系经历了几个阶段。在最初20年左右的时间里，双边关系非常艰难。毕竟在20世纪50年代，双方士兵曾在朝鲜半岛交战。因此，这20年里双边关系紧张。然后，如你所指出的那样，我们有了“乒乓外交”，双边关系缓和，尼克松总统访问北京，在接下来的20年里双边关系得到改善。在克林顿政府时期，美国想要通过世界贸易组织和类似机构将崛起的中国融入国际秩序中。这种状态持续了将近20年，但随着特朗普在2015—2016年走上美国政治舞台中央，许多美国人认为中国没有公平竞争。之后美国人开始反对中国，我们又开始了另一轮循环。所以，双边关系大约每20年就经历一次起落。以20年为一个周期，我们现在正处于中间阶段——新周期从2015年左右开始，到2025年将是10年。我希望这个周期不要持续那么久，但两国间的激烈竞争很有可能会持续20年。

我个人的观点是，中国对美国的生存不构成威胁，美国对中国的生存也不构成威胁。所以，从这个意义上讲，我认为可以设想到了某个时间点——也许是2035年，甚至更早，谁知道呢——两国关系开始向好。但是，任何时候预测未来都必须意识到历史总是充满意外。每次你认为你知道一些事情时，就会出现一些你没有考虑到的事情。这让谨慎行动变得更加重要，这样我们就不会受到惊吓。

王辉耀：我同意你的观点，中国对美国不是威胁，希望美国对中国也不是威胁。

2020年10月，你在世界报业辛迪加网站发表的一篇文章中描述了2030年国际秩序的五种场景：场景一，民粹主义和其他政治力量可能导致自由国际秩序终结；场景二，可能会像20世纪30年代那样出现大规模失业、经济萧条，政客利用这种情况宣扬民粹保护主义；场景三，中国的经济总量超过美国，在国际舞台上更加活跃或者主导全球秩序；场景四，讨论全球绿色议程，如气候变化和“新冠疫情马歇尔计划”；场景五，强调国家之间的相似性和共存性。我们已经讨论了中国和美国，现在我们很想看看你如何预测全球的未来。

约瑟夫·奈：我确实认为绿色议程的重要性会越来越高，仅仅因为这遵循的是物理和生物法则，而不是政治法则。我认为，随着越来越多的人和国家认识到气候变化的重要性和大流行病这类事物的危险性，这会给政治领导人施加压力，迫使他们比过去更加严肃地对待这些议题。绿色议程绝不会完全代替传统政治和传统竞争，但是会变得越来越重要。这意味着国际秩序中的合作维度将不得不增加。

政治领导人仍然可能犯错误，无法看到这一点或对此做出回应。但是，由于物理和生物法则，绿色议程将会变得越来越重要，我确信这是潜在乐观主义的来源。因此，从我在世界报业辛迪加网站专栏里为世界勾勒的各种场景中，我看到了世界正在向最有可能的方向演变。只是我现在比新冠疫情暴发之前更加重视绿色议程，所以我仍然比较乐观地认为我们可以度过这段时期。

王辉耀：我很高兴你持谨慎乐观态度，因为现在所有国家都是如此紧密地相互依存。

现在有超过 80 万人在观看我们的对话。那么，作为结束语，你想对这些观众说点什么？

约瑟夫·奈：我们都是人，是人就会犯错。中美之间必然存在紧张关系和竞争。但我们必须正确看待它。我们有更多的共同之处，也将从合作中获得更多，我们必须保持这种立场。所以，我认为如果我们对管理竞争和实践合作的潜力持乐观态度，我们就可以展望美好的未来。

王辉耀：非常精彩，奈教授，非常感谢你抽出宝贵时间与我对话。希望下次再见。同时也感谢海内外的观众。

第一部分

软实力在全球政治中的作用

进入 20 世纪，以武力获取土地和资源的传统权力表达方式被更加民粹化的权力表达方式取代。两次世界大战后，在美国的主导下，传统硬实力与新型“软实力”（表现为接受一国的某些文化元素、价值观和做法）之间的平衡，成为全球政治中日益重要的组成部分。

让我们从这里讲起吧。

何为软实力[①]

美苏二元对立的冷战结束，为一种全新的权力平衡和一种新的权力使用方式铺平了道路。当时各国人们和政府对世界大战和“互相保证毁灭”记忆犹新，对于各国来说，在世界上又没有明确的敌人。正是在这个历史时刻，我们第一次接触到“软实力”。

冷战结束后，美国人试图理解他们在一个没有像苏联那样的绝对性威胁的世界中的地位。当时的民意调查显示，近半数民众认为美国正在走下坡路。这些人往往支持保护主义，

① 初发表于《外交政策》1990 年秋季刊。Joseph S. Nye Jr., “Soft Power,” *Foreign Policy*, no.80, Twentieth Anniversary (Autumn 1990): 153–171, https://doi.org/10.2307/1148580.

并建议美国退出那些在他们看来“使美国负担过多的国际承诺”。

在相互依存程度日益加深的世界，这样的建议只会适得其反，且可能会导致本想避免的衰落。因为如果最强大的国家不再发挥领导作用，就可能会对国际稳定造成灾难性的影响。纵观历史，紧张和误判始终伴随着对国家衰落和权力平衡变化的焦虑。此时，苏联实力正在衰落，日本正在崛起，关于美国衰落的误导性理论，以及对19世纪晚期的英美关系与当前局势的不恰当类比，将我们的注意力从真正的问题（在世界政治中权力是如何变化的）上转移开。

20世纪末的美国显然不如1945年的美国实力雄厚。据保守估计，美国在全球产品中所占的份额从二战后的1/3以上降至20世纪80年代的略高于1/5。不过，这一变化反映了二战的人为影响：与其他大国不同的是，美国通过二战增强了国力。但随着战后其他国家经济复苏，这种人为的优势势必会被削弱。一个重要的事实是，过去15年来，美国经济占全球产品的份额一直相对稳定。美国竞争力委员会发现，自20世纪70年代中期以来，美国产品占世界产品的份额平均每年为23%。美国中央情报局报告称，根据不同货币的购买力数据，美国产品占世界产品的份额从1975年的25%略微增加到1988年的26%。

这些研究显示，二战对美国的影响持续了25年左右，自

20 世纪 70 年代中期起，大多数衰退迹象就已经出现了。事实上，当时任总统尼克松从越南撤军、美元不再与黄金挂钩时，美国就已经对其承诺进行了重大调整。

根据词典释义，权力是指做事和控制他人的能力，以及使他人违反自身意愿行事的能力。由于控制他人的能力往往与拥有某些资源有关，因此，政治家和外交官通常将权力定义为拥有人口、领土、自然资源、经济规模、军事力量和政治稳定。例如，18 世纪，在以农业经济为主导的欧洲各国，人口是一种关键的权力资源，因为人口是税收和征兵的基础。

传统上，判断一国是否属于“大国”，依据的是其在战争中的实力。然而，在当今世界对权力的定义中，军事力量与军事征服的重要性正在降低，这与早先的时代不同。技术、教育和经济增长等因素在国际权力中越来越重要，而地理、人口和原材料的重要性则有所下降。

如果是这样，那么当今世界政治正在进入“日本时期”吗？一方面，就成效而言，日本 1945 年以来的“贸易立国”战略确实比其 20 世纪 30 年代的“军事立国”战略（“建立大东亚共荣圈”）要好得多。另一方面，日本的安全及其海上航线的安全一直严重依赖美国的保护。随着冷战的结束，这些问题虽然会有所缓解，但并不会完全消失。人们不应过早得出结论，称一切走向都有利于像日本这样的经济强国。

对于今后几十年权力资源分配的变化，我们能说些什么呢？政治领导人经常用“多极化”一词来暗示，世界将重返类似于19世纪那种多国权力大致均衡的平衡状态。但在20世纪与21世纪之交，这种情况不太可能出现，因为就权力资源而言，除美国外，所有潜在挑战者都在某些方面存在不足。苏联经济落后，中国仍是一个发展中国家，欧洲缺乏政治团结，而日本在军事力量和全球意识形态的吸引力方面都存在不足。如果经济改革扭转了苏联的颓势，日本发展出成熟的核力量和常规军事力量，或者欧洲变得更加统一，那么21世纪世界可能会重新回到传统的多极化状态。但如果没有这些变化，美国就可能会比其他国家保有更广泛的权力资源——军事、经济、科学、文化和意识形态领域，苏联可能会失去超级大国的地位①。

大国权力转移

在即将到来的新世纪，美国可能会继续保持优势，但世界政治中的权力资源可能会发生重大变化，这将为所有国家实现自身目标带来新的困难。证明一国是否拥有权力的依据，不在于其掌握资源的多寡，而在于其改变各国行为的能力。因此，美国面临的关键问题不是它能否在21世纪初成为拥有最大规模资源供应的超级大国，而是它能在多大程度上控制

① 1991年12月25日，苏联解体。——编者注

政治环境，让其他国家按其要求行事。一些世界政治趋势表明，未来任何大国要控制政治环境都更加困难。比起另一个大国崛起构成的挑战，美国面临的问题更多是权力的普遍分散。19 世纪的英国面临的是新的挑战者，而 21 世纪的美国将面临新型挑战。

随着世界政治局势愈加复杂，所有大国实现自身目标的实力都将被削弱。要理解美国如今的处境，就必须明确“凌驾于他国之上的权力”与“操纵结果的权力”之间的区别。尽管美国对某些国家仍有影响力，但对世界整体格局的影响力已经远远不足。仅凭一己之力，美国难以实现自身目标，对其他国家而言同样如此。所有大国都必须直面世界政治中权力本质的变化。

当然，这些变化也并非前所未有。例如，早在 20 世纪 70 年代，开展跨国活动的个体数量——无论是大公司还是政治团体——迅速增长，并得到了广泛认可。即使是对传统均势政治深信不疑的亨利·基辛格，也在 1975 年的一次演讲中表示：“我们正在进入一个新时代。旧有国际模式正在瓦解……各国在经济、通信和人类愿景方面已形成相互依赖。”

但是，到了 20 世纪 70 年代后期，美国的政治气氛变了。伊朗攻占美国驻德黑兰大使馆和苏联入侵阿富汗的举动，似乎再次肯定了军事力量的作用以及传统安全议程的首要地位。20 世纪 80 年代初，在里根总统任期内，这些趋势进一步凸显。美国的国防预算连续 5 年出现实质性增加，军备控制降级，公众更加反对核力量和核威慑。美国对格林纳达和利比亚成功使用了常规军事力量，虽然这两个国家极其弱小。世界政治议程的变化使人们不再像 20 世纪 70 年代那样关注相互依存，而是再次强调军事力量。但各国间的相互依存程度仍继续加深，20 世纪 80 年代的世界局势与 20 世纪 50 年代已不再一样。

对当下世界政治格局变化的恰当回应，不是放弃对军事力量平衡的传统关切，而是在接受其局限性的基础上，增加关于相互依存的考量。传统观念认为，国家是世界政治中唯一有意义的行为体，仅有少数大国可以影响世界政治。但如今，其他行为体正变得越来越重要。尽管不具备军事力量，但跨国公司具有庞大的经济资源。如今，有 30 家公司的年销售额超过了 90 个国家的国民生产总值（GNP）。20 世纪 80 年代，IBM、荷兰皇家壳牌集团各自的年利润超过了哥伦比亚、肯尼亚和南斯拉夫的中央政府预算。对一个国家来说，要实现目标，跨国公司的影响程度有时比其他国家更大。跨国公司的海外年产值超过了国际贸易总值。在区域层面，描述中东冲突时若不包括超级大国，就是严重的缺失，但若不提及跨国宗教团体、石油企业和恐怖组织，那同样也是不行的。问题不是国家或非国家行为体谁更重要——通常情况下国家更重要——而是在现代，更复杂的混合因素会对结果造成影响。

随着参与主体的变化，世界政治的目标也在变化。在传统观念中，为了确保生存，各国将军事安全放在优先位置，但如今各国必须考虑新的安全维度。随着威胁从军事（即对领土完整的威胁）向经济和生态领域转移，国家安全变得更加复杂。例如，如今加拿大人不怕美国士兵会第二次火烧多伦多（就像在 1813 年那样），他们更担心多伦多会被得克萨斯州的计算机设定为一个死气沉沉的地方。脆弱性的表现形式增多，为了应对不同的脆弱性，政策间的权衡随之产生。例如，美国可能会通过向波斯湾派遣海军来巩固其能源安全，但它也可以通过扩大战略石油储备、征收汽油税以鼓励美国民众节约用油，以及深化与国际能源署等机构的合作来实现这个目标。

虽然军事力量仍是维护本国利益的最终权力形式，但对现代大国而言，使用武力的成本要比前几个世纪更高。通信、组织和制度等工具以及对相互依存关系的操纵也变得十分重要。与一些夸夸其谈相反，相互依存并不意味着和谐，而往往意味着不平衡的相互依赖。就像一对恋人中，不太沉溺恋情的一方可能会操纵另一方一样，两个国家中不那么脆弱的一方可能会利用两国关系的微妙作为威胁，以此获得权力。进一步来说，相互依存在安全、贸易和金融等不同领域的平衡往往是不同的。因此，当一国比另一国更强大或更脆弱时，制造和抵制各种议题间的联系就成为权力游戏的艺术。政治领导人会利用国际机构来阻碍或增进这种联系，他们会寻求以最符合其利益的方式来确定某一议题的范围。

随着权力工具的变化，战略也在变化。传统主义者认为，安全目标和军事力量工具是通过权力平衡这一战略联系在一起的。希望保持独立、不受军事胁迫的国家遵循均势战略，限制其他国家的相对权力。但在今天，经济和生态问题涉及大量的互利因素，只有通过合作才能达成。这些问题往往对政治领导人的连任至关重要。如今的法国总统不会干涉德国的经济增长，因为德国的经济增长对法国的经济增长至关重要。法国在 20 世纪 80 年代初期放弃独立的经济政策而留在欧洲货币体系内，就是这种相互依存的例证之一。

传统主义在描述世界政治时，经常谈到建立在国家均势战略基础上的国际体系。虽然两极化和多极化这两个术语非常有用，但如今，世界政治的不同领域有着不同的权力分布，即不同的权力结构。虽然军事力量，尤其是核力量，仍然在很大程度上是两极化分布的，但在贸易领域，权力呈现多极化分布，欧洲共同体已作为一个整体行动。海洋资源、货币、太空、航运和航空等领域的权力分布都有一定差异。各国的权力各不相同，非国家行为体在不同领域的重要性也各不相同。例如，如果不考虑私人银行的力量，就无法理解国际债务领域的政治问题。

如果军事权力可以自由转移到经济和环境领域，不同的结构就无关紧要了，由军事力量决定的整体权力等级将精确地预示世界政治的结果。但与以往相比，如今军事权力的成本更高，也更难转移到其他领域。因此，以不同问题为表征的等级制度更加多元化。世界政治的游戏囊括了不同的玩家，他们在不同的牌桌上，拥有不同的筹码。玩家可以在不同牌桌间转移赢得的金钱，当然这通常要付出较大的代价。当国家明显受到生存威胁时，军事博弈和整体均势结构将占主导地位，但在现代世界政治的许多领域，生存并非最紧迫的问题。

权力转换

世界政治被分割成许多不同的领域，因此降低了权力资源的可替换性，换言之，权力在各领域之间的可转换性有所下降。货币具有可替代性，因为人们可以轻易实现两种货币间的兑换。权力的可替换性一直低于货币，如今这一可替换性比以往更低。18 世纪，一个国库充盈的君主可以通过雇佣步兵来开疆拓土，而这反过来又有助于充盈国库。这基本上正是普鲁士国王腓特烈二世 1740 年夺取奥地利控制的西里西亚时所采取的策略。

但在今天，一般来说，直接使用武力获取经济利益对现代大国而言成本太高，同时也过于危险。即使没有侵略，将经济资源转换为军事权力也可能需要付出高昂的代价。例如，虽然对日本来说，发展一支重要的核力量或常规武装力量没有任何经济障碍，但这一举动将在国内外引起巨大的政治反响。军事化可能会削弱而不是增强日本实现目标的能力。

由于权力是一种关系，根据定义，它处在一定的背景环境中。可替换性的降低意味着，在估测从资源中能获得多少实际权力时，明确背景环境情况越来越重要。人们比以往任何时候都更必须问一个问题：“权力是为了什么？”然而，与此同时，由于世界政治只是发生了部分变化，传统地缘政治议程仍有意义，因此军事权力仍存在一定的可替换性。军事力量的保护作用是国家间谈判的重要筹码。例如，传统产油国在安全方面对美国的依赖，限制了它们在 1973 年石油危机时对美国的影响力。美国仍是欧洲和日本军事安全的最终保障，这一角色提供美国与盟国谈判时讨价还价的底气。总体而言，盟国需要美国的保护，这增强了美国的影响力，即使来自苏联的威胁减弱了，这种增强作用也可能会持续。在冷战期间，美国常常担忧盟友的虚弱，并倾向于牺牲一些经济利益来努力遏制其认为的“苏联威胁”。即使这种威胁在降低，如果美国的担忧比盟友少，它就可能对盟友提出更多要求。

为了评估后冷战时代世界的权力，有必要认识到成功政策所必需的工具和均势战略。但是，现代世界的新因素正在分散大国的权力。因此，任何成功的战略都必须同时具有连续性和变化。

现今，大国利用传统权力资源实现自身目标的能力不及以往。在许多议题上，非政府行为体和小国已变得更为强大。至少有 5 个趋势促成了这种权力的分散：经济相互依存、非国家行为体、弱国的民族主义、技术的传播，以及不断变化的政治议题。

新型通信和交通方式对经济的相互依存性产生了革命性的影响。一个世纪前，横跨大西洋需要两周时间；1927 年，查尔斯·林德伯格用 33 个小时完成了这项行动；今天，乘坐协和式飞机只需 3.5 个小时。现代电信是即时性的，卫星和光缆使得越洋电话在过去 10 年里增加了 10 倍。运输和通信成本的下降使全球市场发生了革命性变化，并加速了跨国公司的发展，使经济活动跨越国界。全球贸易比全球产品增长更快，在所有主要经济体中的重要性都有所提升。在过去 20 年中，贸易在美国经济中的作用增加了一倍多。金融市场的变化更加惊人。国际货币流量约为世界日均货物贸易量的 25 倍。欧洲货币和欧债市场（即在本国之外持有的货币）的迅速扩张侵蚀了一国当局控制自身资本市场的能力。1975 年，外汇市场日均交易量约为 100 亿 ~150 亿美元，1986 年增长到 2 000 亿美元。

政府可以对这些市场进行干预，但如果重拳出击，就会使自己的经济增长付出巨大代价，并可能产生意想不到的结果。例如，20 世纪 60 年代美国政府减缓美国跨国公司资本输出的措施，促使那些公司在海外保有和借用美元，结果不在美国控制下的欧洲货币市场迅速兴起。

除了限制某些国家追求国家利益的方式，非国家行为体还影响着这些利益的原本界定方式。跨国投资创造了新的利益，使世界政治联盟复杂化。例如，本田美国公司逐渐成为一家美国汽车制造商。20 世纪 90 年代早期，本田美国公司计划每年向日本出口 5 万辆汽车。美国官员现在正向欧洲施压，要求它们向美国制造的日本汽车开放市场。换言之，跨国投资已经改变了美国的一种利益。

美国的情况并不是个例。多年来，法国一直将日本汽车在法国市场所占的份额限制在 3%，并限制日企在法国投资。但当日本汽车制造商开始在欧洲其他国家建立工厂并向法国出口汽车时，法国政府取消了限制。跨国投资改变了法国的一项长期政策。权力向非国家行为体的分散以及由此导致的国家利益的复杂化很可能会继续下去，尽管在对主要国家的权力资源进行的多项比较中，这一点尚未被认识。

发展中国家现代化、城市化和通信技术的发展，也使权力从政府分散到非政府行为体手中。当今世界，运用军事权力远比过去困难，因为社会觉醒在原本贫穷、弱小的国家激发了民族主义。这种社会动员进一步提升了军事干预和外部统治的成本。19 世纪，大国以少量军队开拓和统治殖民帝国。1953 年，美国通过一次小规模的秘密行动帮助伊朗国王复辟。①

---

① 因不满伊朗将石油工业国有化，损害控制伊朗石油工业的英伊石油公司的利益，1953 年，英国和美国的情报机关策动在伊朗发动政变，推翻民选的穆罕默德·摩萨台政府。——译者注

但很难想象，在1979年社会已经动员起来、民族主义思潮澎湃的伊朗，要多少军队才能恢复国王的统治。美国和苏联发现在越南和阿富汗维持驻军的费用难以承受。美苏两国撤军的原因与其说是被占领国实力增强，不如说是这些国家民众的积极反对使外来者统治的代价上升了。

权力分散的另一个趋势是现代技术的传播，它增强了落后国家的实力。虽然超级大国在军事技术方面仍保持着很大的领先优势，但在20世纪90年代，许多第三世界国家可以部署的军事力量使区域干涉的成本比50年代更高。此外，有十几个第三世界国家已经发展出了重要的武器出口产业。同时，许多武器接受国都试图使采购多样化，以获得对主要或唯一供应商的影响力。当武器依赖外部供应时，供应商往往通过技术援助、备件和产品替换来获得影响力。而本土军工的发展则消除了这种影响力。

此外，更多国家正在获得先进的武器制造能力。现在大约20个国家已经有能力制造化学武器，到2000年估计有15个第三世界国家将生产自己的弹道导弹。1968年《不扩散核武器条约》签署时，有5个国家拥有核武器；此后，印度、以色列、巴基斯坦和南非等国也发展出了核力量；在未来10年内，阿根廷、巴西和其他几个国家也可能发展军事核力量。不过，小规模的核力量不会使这些国家成为全球权力的竞争者；事实上，如果它们的邻国效仿，或者核武器落入叛乱组织或恐怖组织手中，反而可能会增加它们面临的风险。

此外，核力量将增强这些国家在区域层面的权力，增加大国进行区域干涉的潜在成本。技术也增强了非政府群体的权力。例如，手持防空导弹帮助了阿富汗的游击队，新型塑料炸药成为恐怖分子的有效工具。拥有丰厚的传统权力资源的大国控制其环境的能力，也因世界政治问题性质的变化而减弱。现今的问题越来越不是两国之间的问题，而是所有国家试图控制非国家行为体的问题。要解决当前许多跨国相互依存的问题，需要采取集体行动和国际合作。这些问题包括生态变化（如酸雨和全球变暖）、影响公众健康的流行病（如艾滋病）、非法毒品贸易和恐怖主义。这些问题根源于国内并跨越国界，因而是跨国性问题。正如苏联切尔诺贝利核事故所表明的那样，即使是像核反应堆安全这样的国内问题，也会突然变成跨国性问题。

虽然武力有时可以发挥作用，但传统的权力工具很少足以应对世界政治的新困境。新的权力资源，如有效沟通的能力以及发展和利用多边机构的能力，可能会被证明更有意义。此外，美国经常需要小国、弱国的合作，这些国家没有足够的能力管理国内毒品、卫生和生态问题。例如，如果软弱的秘鲁政府不能控制国内的私人贩毒团伙，美国就不能利用传统的权力资源来迫使秘鲁减少可卡因的生产。而如果美国政府不能控制国内的需求，可卡因的跨国市场就会存在下去。

尽管经济援助和军事力量这些传统的权力资源在应对恐怖主义、核扩散和非法毒品贸易方面可以贡献一臂之力，但任何大国控制环境和实现目标的能力往往并不像传统的硬实力指标所显示的那样强大。

国际政治性质的变化也使得无形的权力变得更加重要。民族凝聚力、普适性文化和国际机构正在发挥更大作用。权力正在从“资本丰富”的一方转向“信息丰富”的一方。

虽然信息资源越来越丰富，但我们针对新信息迅速采取行动的灵活性不足。信息能够成为权力，尤其是在开始传播之前。因此，对新信息做出及时回应的能力是一种关键的权力资源。随着信息经济的兴起，原材料已变得不那么重要，而组织技能和灵活性则变得越来越重要。产品周期正在缩短，技术正朝着高度灵活的生产系统发展，在这种系统中，手工艺时代的定制产品传统可以被纳入现代制造工厂。日本特别擅长这种灵活的制造工艺，美国和欧洲仍需努力，而苏联和中国则严重滞后。

对信息做出及时回应不仅在制造业中很重要，在金融、保险和运输等关键服务中也很重要。过去，市场受限于运输和买卖双方间的沟通。但如今，全世界的买方和卖方能够借助新的通信手段获得关于市场走向的即时信息。卫星和光缆让那些注视着伦敦、纽约和东京交易所显示屏的人时刻保持联系。中国和苏联没有大规模参与这些跨国信贷市场，这严重限制了它们获得权力的无形资源。20 世纪 80 年代，英国和日本等其他国家的政府不得不跟随美国放松对货币市场和金融业务的管制，以保持它们在这些重要市场的地位。

知识领域的无形变化也影响着军事权力。传统上，政府投资人力进行间谍活动。但现在，像美国和苏联这样的大国从太空实施连续的摄影和电子监视，可快速获得各种经济、政治和军事信息。其他国家，如法国，开始将低分辨率的卫星信息商用，但美国在高分辨率卫星信息方面具有领先地位。

另一种无形的权力来自各国间的相互依存关系。经济资源的公开分配很难描述相互依存的国家间的权力平衡。一方面，看似更强大的国家的影响力可能会受到较小国家更强的组织能力和集中度的限制。这种差异有助于解释加拿大在与美国讨价还价时取得的惊人成功。另一方面，如果一种关系对双方都有利，那么较弱的一方在压力下崩溃的可能性限制了看似更强的一方的影响力。长期以来，“债务人的权力”是众所周知的：如果一个人欠银行 1 万美元，那么此时拥有掌控权的是银行；但如果一个人欠银行 1 亿美元，那此时拥有掌控权的则是债务人。如果墨西哥或一些加勒比国家太弱而无法处理内部贫困和国内问题，那么美国将面对新的外交政策议程来应对大量移民、毒品或其他违禁品涌入。同样，发展中国家如果不能阻止本国森林遭到破坏，就将影响全球气候。这些国家本身的软弱将削弱其他国家对其的影响力。美国当前对弱小的第三世界国家的忽视，可能会降低其在新的跨国问题上影响这些国家政策的能力。美国必须更加关注那些在政治和经济层面植根于贫穷国家的混乱以及软弱的矛盾力量。

权力的变迁

这些趋势展示了另一种比传统手段更具吸引力的权力行使方式。某国可能会在世界政治方面取得自己期望的结果，如果其他国家追随它或者认同某种可以产生这种结果的局势的话。从这个意义上说，在世界政治中制定议程和构建局势与在特定情况下使他国做出改变同等重要。

当一国使其他国家以其欲求为目标行事时，第二种权力就出现了，这种权力可以被称为“同化式权力”或“软实力”。它与命令他者按照其意志行事的“命令式权力”或“硬实力”形成了鲜明对比。

青少年的父母早就知道，如果他们塑造了孩子的信仰和偏好，那么他们对孩子的影响力将会比仅仅依靠主动控制获得的影响力更强大、更持久。同样，政治领袖和哲学家们早就了解具有吸引力的想法和以塑造他人偏好的方式设定政治议程及决定辩论框架的能力的力量。影响其他国家欲求的能力往往与文化、意识形态和制度等无形的权力资源有关。

软性同化式权力与硬性命令式权力同样重要。如果一国能够让本国的权力在别人看来是合法的，那么它在实现自身愿望时遇到的阻力将会减小。如果它的文化和意识形态具有吸引力，那么其他国家将更愿意效仿。如果它能树立与其社会相一致的国际规范，它就不太可能面临必须做出改变的局势。如果它能够支持这样一些机构——使其他国家想要以主导国家喜欢的方式引导或限制自身的活动，它就可以避免使用代价高昂的胁迫手段或硬实力。

总的来说，权力的可转换性、强制性和有形性都在降低。现代趋势与政治议题的变化正在对权力的本质和产生权力的资源产生重大影响。同化式权力（让他人欲你所欲）和软实力资源（文化吸引力、意识形态和国际机构）都并非新事物。在二战后早期，苏联从共产主义意识形态、必然性神话和跨国共产主义机构中获得了巨大的好处。现今的各种趋势正在使同化式行为和软实力资源变得相对更加重要。

世界政治的变化使得人们更少使用胁迫手段，至少在大国之间是如此。目前的权力工具包括外交照会、经济威胁和军事胁迫等。在早期阶段，使用胁迫手段的成本相对较低。当时武力手段是可以接受的，经济体之间的相互依存度较低。20 世纪早期，美国曾派出海军陆战队和海关人员到一些加勒比国家收债。但在目前的条件下，直接使用美国军队对付尼加拉瓜等小国，代价要高得多。

在当前条件下，操纵相互依存关系的代价也更大。经济上的相互依存通常对双方都有好处，而威胁要破坏双边关系的行为一旦实施，就将导致沉重的代价。例如，日本可能希望美国减少预算赤字，但威胁拒绝购买美国国债可能会扰乱金融市场，给日本和美国都带来巨大损失。由于使用武力的成本越来越高，威胁性较小的权力形式变得越来越有吸引力。

同化式权力是指一个国家构建某种局势，从而使其他国家以符合该国利益的方式发展本国偏好或确定自身利益的能力。这种权力往往源于文化和意识形态的吸引力以及国际机制的规则和机构等资源。与其他国家相比，美国拥有更多的同化式权力。国际货币基金组织（IMF）和关税及贸易总协定（GATT）等国际经济治理机构，往往倾向于自由主义、自由市场原则，这在很大程度上与美国的社会和意识形态相吻合。

跨国公司是同化式权力的另一来源。英国作家苏珊·斯特兰奇（Susan Strange）在其 1988 年的著作《国家与市场》（*States and Markets*）中指出，由于跨国生产业务的开展，美国在世界经济中的权力有所增强：虽然美国政府可能失去了对美国跨国公司的部分权力，但这些公司的管理人员仍然持有美国护照，可以在美国法院被传唤，在发生战争或国家处于紧急状态时将首先服从美国政府的命令。同时，美国政府获得了对美国境内大量外国公司的新型权力。这些公司都敏锐地意识到，美国市场是最大的奖赏。

这种权力的产生，部分是由于34%的大型跨国公司将总部设在美国（而只有18%的跨国公司将总部设在日本），部分是由于美国市场在任何公司全球战略中的重要性。

美国文化是另一种成本相对较低且有用的软实力资源。显然，美国文化在某些方面对其他人并无吸引力，而且在评估权力的文化来源时总是存在产生偏见的危险。但是体现在产品和传播中的美国流行文化，具有广泛的吸引力。从未去过美国的日本青年穿着印有美国大学名称的运动衫。即使在政府与美国支持的游击队作战时，尼加拉瓜的电视台也在播放美国的电视节目。同样，还有苏联青少年穿着蓝色牛仔裤寻找美国唱片。

诚然，流行行为中存在着一些琐碎和时尚的因素，但同样地，一个掌握流行文化传播渠道的国家有更多机会传播其信息并影响他人偏好。根据联合国教科文组织过去的研究，美国出口的电视节目数量大约是第二大出口国（英国）的7倍，美国也是唯一拥有全球电影发行网络的国家。尽管美国电影只占全球产量的6%~7%，但占据了全球放映时间的50%。1981年，美国承担了全世界80%的数据传输和处理。英语已经成为全球经济的通用语言。

尽管日本的消费品和美食最近变得更加时尚，但与美国对大众传播的统治相比，它们似乎与对一套更广泛的价值观的隐性诉求关系不大。日本制造业的成功为其提供了一个重要的软实力来源，但日本在某种程度上受到其内向型文化的限制。虽然日本在接受外国技术方面极为成功，但它极不情愿接受外国人。例如，日本与中国的关系一直受制于文化的不敏感性。许多日本人对他们缺乏“国际化”和未能将信息投射到更广泛的范围感到担忧。

虽然美国人也可能是狭隘、内向的，但美国文化对各种族的开放性以及美国的民主和人权价值观都产生了国际影响。西欧国家也从其民主制度中获得了软实力。与日本和欧洲相比，美国对移民相对更加开放的态度是其另一种软实力来源。正如欧洲学者拉尔夫·达伦多夫所指出的那样，“全世界数百万人希望生活在美国，而且确实有人准备冒着生命危险前往美国，这一点很有意义”。保持这种吸引力十分重要。

当理想成为实力的一个重要来源时，现实政治和自由主义之间的典型区别就变得模糊了。只关注硬实力平衡的现实主义者会错失跨越国界的思想的力量。

美国人对后冷战时代世界未来形态的担忧是合理的，但若将这一问题解释成美国的衰落而非权力的分散，则是错误的。即便如此，倘若对衰落的担忧能使美国人摆脱自满情绪，着手应对一些严重的国内问题，那对美国来说也是好事一桩。然而，民意调查机构发现，对衰落的过度焦虑使美国舆论转向民族主义和保护主义，这会限制美国应对日益提升的国际相互依存度所带来的问题的能力。过分夸大或低估美国的实力都没什么益处。前者会导致国家无法适应变化，后者会导致不恰当的应对方式，如将日本视为替代苏联的新敌人。

作为世界上最富有的国家，美国应该有能力履行其国际承诺和进行国内投资。美国确实很富有，但在政治进程上却表现得很贫穷。按实际价值计算，美国现在的国民生产总值是1960年的两倍多，但今天美国人在国际领导力上的花费在国民生产总值中的占比要小得多。对此，普遍的观点是“我们负担不起”，尽管美国的税收占国内生产总值的比例比其他发达工业国家的要小。这表明，美国的问题在于国内的政治领导层，而非长期的经济衰退。

正如以前多次发生的那样，塑造国际权力的资源组合正在发生变化。但这并不意味着，世界必定会再次陷入霸权主义冲突及随之而来的世界大战的循环。与其他任何国家相比，美国保留了更多的传统硬实力资源。同时，美国还拥有意识形态和制度等软实力资源，以保持其在涉及国家间相互依存的新领域内的领导地位。从这个意义上讲，当前的局势与19世纪初英国面对的局势极为不同。不严谨的历史类比和错误的政治决定论比不切实际的学术研究更糟糕，它们可能会分散美国人的注意力，使他们不能专注于所面临的真正问题。冷战后美国权力面临的问题将不再是新的霸权挑战者，而是国家间的相互依存这种新挑战。

软实力的局限性[①]

虽然软实力很重要，但在防止攻击、维持边境治安和保护盟友方面，软实力可能不如硬实力。不过，软实力在实现“环境目标”上极有意义。此外，这种吸引力并不在政府的完全控制之下——美国的大部分软实力都是由好莱坞、哈佛大学、微软和迈克尔·乔丹带来的。在一个自由社会中，政府不能也不应该控制文化。

一些怀疑论者反对软实力的概念，因为他们仅仅从命令或主动控制的角度来理解权力，这是狭隘的。在他们看来，

① 初发表于《软实力：世界政坛成功之道》（2004 年）一书。Joseph S. Nye, *Soft Power: The Means to Success in World Politics* (New York: Public Affairs, 2004), pp.28–31.

模仿或吸引就是那么回事，它们不是实力。如我们所见，一些模仿或吸引不会对政策结果产生多大影响，模仿也并不总是带来期望的结果。例如，20 世纪 80 年代，日本因其创新的工业流程而广受赞誉，但外国公司的模仿削弱了日本企业的市场力量，给日本造成了困扰。同样，军队经常模仿对手，从而瓦解对手的成功战术，使对手更难实现想要的结果。这种观察是正确的，却忽视了一点——对他人施加吸引力通常也会让你得到你想要的结果。那些想要将权力仅仅界定为有预谋的命令和控制行为的怀疑论者忽视了权力的另一面，或者说“结构性”的一面——不必通过威胁或收买来强迫他人改变行为就能实现你想要的目标的能力。

同时，明确在何种情况下吸引力更有可能引导达成预期的结果，在何种情况下不太可能，这是非常重要的。如我们所见，在不同文化有些相似而不是大相径庭的情况下，流行文化更有可能吸引人们并产生软实力，这是我们期望的结果。所有权力都取决于大环境，即在什么情况下，谁与谁有关，但比起硬实力，软实力更加取决于是否存在自愿的解释者和接受者。此外，吸引力通常具有扩散效应，会产生普遍性的影响，而不是导致某种容易观察到的特定行为。正如资金可以用来投资一样，政治家们说到要积累政治资本以便未来使用。当然，这种善意最终可能不会被兑现，扩散性的互惠也不如直接交换的好处那么实在。尽管如此，吸引力的间接影响和扩散性影响可以在讨价还价以获取有利结果的时候产生重大差异。否则，领导者只会坚持获取直接的回报和具体的互惠，我们知道他们并不总是这么干。社会心理学家已经开展了大量的实证研究，来探索吸引力与权力之间的关系。[1]

当另一个国家的权力是分散的而不是集中的时候，软实力也可能更为重要。一个独裁者不可能对自己国家的舆论完全无动于衷，但在衡量帮助另一个国家是否符合自己的利益时，他常常忽略这个国家在本国是否受欢迎。与独裁国家相比，在公众舆论和议会具有影响力的民主国家，其政治领导人没多少斡旋余地采用战术达成交易。因此，2003 年土耳其政府不可能允许美国军队过境，因为美国的政策已经极大降低了其在公众舆论和议会中的受欢迎度。相比之下，美国更容易在专制的乌兹别克斯坦取得基地用以在阿富汗开展行动。

最后，软实力有时不仅会对具体目标产生直接影响——在美国的政策降低了其受欢迎度后，2003 年美国未能在联合国安理会上获得智利和墨西哥的支持——它还更有可能对一个国家寻求的整体目标产生影响。[2] 50 年前，阿诺德·沃尔弗斯区分了一国寻求的具体的“占有目标”与更广泛的“环境目标”，后者诸如塑造有利于民主的环境。[3] 在外交政策中，成功实现这两类目标都是重要的。例如，如果考虑到美国的各种国家利益，那么在防止攻击、维持边境治安和保护盟友方面，软实力可能不如硬实力那么重要，但在实现“环境目标”方面，软实力就相当重要了。在推进民主、人权和开放市场方面，软实力发挥着至关重要的作用。吸引比强迫更容易将人们导向民主。吸引力的影响能否取得期待的结果，取决于大环境和目标类型，这并不是说吸引力不重要，当我们要阻止流行病传播、减缓全球变暖或创造民主时，软实力比导弹和刺刀要有用得多。

其他怀疑论者反对在国际政治中使用“软实力”这个概念，因为这种吸引力不完全在政府控制之下。美国的软实力大多是由好莱坞、哈佛大学、微软和迈克尔·乔丹带来的，但大量软实力源自公民社会，我们并不能否定它的存在。在自由社会里，政府不能也不应控制文化。事实上，控制政策缺位本身就可以成为一种吸引力。捷克电影导演米洛斯·福尔曼回忆称，当捷克政府允许严厉批评美国制度的美国电影《十二怒汉》在国内放映时，捷克知识分子的反应是：“如果那个国家能拍这种东西，这种关于自己的电影，哦，那个国家一定非常自豪，一定具有一种内在的力量，一定足够强大，一定是自由的。”[4]

诚然，企业、大学、基金会、教堂和其他非政府团体都在发展自己的软实力，这些软实力可能有助于强化官方外交政策目标，也可能与之相悖。这就更需要政府确保自己的行动和政策能够加强而不是削弱自己的软实力。这一点在全球信息化时代尤其重要，因为来自非政府团体的软实力可能会变得越来越重要。

最后，一些怀疑论者认为，民意调查衡量的受欢迎度只是暂时的，因此不应严肃对待。当然，人们必须注意，不要将民意调查太当回事儿。民意调查是衡量软实力的一个重要手段，但它并不完美，因为人们的回答会因问题表述方式的不同而不同，除非在某个时期持续问同样的问题，否则调查显示的将是瞬时性而不是连续性画面。民意会变动，而且这种变动难以被任何一次调查捕捉。此外，政治领导人往往必须做出不受欢迎的决策，因为这些决策是对的，他们希望如果后续这个决定被证明是正确的，他们的受欢迎度就能够改善。在外交政策中，受欢迎本身并不是目的。然而，民意调查是初步估测一个国家的吸引力和不受欢迎的政策将导致的成本的方式，这个方式还不错，特别是当不同时期的民意调查显示出一致性时。这种吸引力会对我们在这个世界上获得我们想要的结果的能力产生影响。

国家巧实力战略①

世界既不是单极的，也不是多极的，更不是无序的——它同时存在这三种状态。因此，巧妙的大战略必须能够处理权力在不同领域内极其不同的分配状态，并且要理解这些领域之间的权力交易。“巧实力”（smart power）的概念本质上是外交、国防、发展和其他所谓的“硬实力和软实力”工具的综合运用。

“‘巧实力’的概念——外交、国防、发展和其他所谓的‘硬实力与软实力’工具的综合运用——在奥巴马总统和希拉里国务卿的政策愿景中居于中心地位。”[5] 由于“巧实力”

---

① 初发表于《权力大未来》（2011 年）一书。Joseph S. Nye Jr., *The Future of Power* (New York: Public Affairs, 2011), pp.211–217.

这个词被奥巴马政府采用，一些分析家认为它只是指代美国的情况，批评者抱怨说，它只是一个像“严厉的爱”（tough love）一样的口号，给讨厌的东西裹上“糖衣”。但即使“巧实力”这个术语适合做口号（没人想拥有“钝实力”，尽管这个词可以恰当地形容那些适得其反的战略），我们也可以分析一下巧实力，而且它绝非仅仅局限于美国。

小国往往善于使用巧实力战略。新加坡在军事资源上的投入，足以使自己在它希望威慑的邻国眼中显得难以理解，但它将这种做法与积极赞助东南亚国家联盟的外交活动相结合，并努力使新加坡的大学成为该地区非政府活动网络的枢纽。瑞士长期以来利用义务兵役制和多山的地理环境优势作为威慑力量，同时通过银行业务、商业和文化网络吸引外界。卡塔尔是一个与沙特阿拉伯接壤的小型半岛国家，它允许美军将其作为入侵伊拉克的大本营，同时它又赞助该地区最受欢迎的半岛电视台，而该电视台强烈谴责美国的行动。挪威为了国防需求加入北约，但在海外发展援助与和平调解上制定了前瞻性的政策，以增强其软实力。

从历史上看，崛起的国家利用巧实力战略取得了良好的成效。19 世纪，普鲁士的俾斯麦采取了激进的军事战略，通过三场战争打败丹麦、奥地利和法国，统一了德国，但在 1870 年实现了这一目标后，俾斯麦立刻改变了德国的外交政策，与邻国建立联盟，使柏林成为欧洲外交和冲突解决的中心。20 年后，德国皇帝犯下的一个重大错误就是罢免了俾斯麦，他没有与俄国续签《再保险条约》，并挑战英国海军在公海上的霸主地位。明治维新后，日本建立的军事力量使其在1905 年战胜了俄国，但它对英国和美国实行安抚性的外交政策，花费大量资源让其在海外具有吸引力。[6] 日本在 20 世纪30 年代提出的"大东亚共荣圈"计划失败后（该计划含有反欧洲宣传的软实力成分）以及在二战中战败后，转向了尽量减少军事力量和依靠美国联盟的战略。它一心一意关注经济增长并取得了成功，但只发展了适度的军事力量和软实力。

毛泽东领导下的中国建立了自己的军事力量，并团结可以团结的力量。20 世纪 70 年代，中国领导人转向发展经济。2007 年，中国政府提出了投资中国软实力的重要性。对一个在经济和军事实力上取得巨大跃升的国家来说，这是一个巧妙的战略。随着硬实力的崛起，中国也在努力增强其吸引力。

2009 年，中国成功地以高经济增长率摆脱了世界经济衰退困境，并为此感到自豪。许多中国人认为，这表示世界权力平衡发生了变化，美国进入衰退轨道。有人说，2000 年是美国权力的顶峰。但一部分人对中国的实力给出了过度自信的评估[7]，这种叙事可能会导致冲突。一些观察人士怀疑中国是否开始偏离崛起大国的巧实力战略。[8]

主导大国也有将硬实力和软实力资源结合起来的动力。将具有吸引力的软实力和具有强制性的硬实力结合起来，这令帝国统治更加容易。罗马让被征服的精英渴望成为罗马公民，法国则让利奥波德·桑戈尔等非洲国家领导人参与法国的政治和文化生活。维多利亚时代的英国用博览会和文化吸引帝国的精英，正如我们之前所见的那样，那时的英国能够用当地人和少量的军队统治一个庞大的帝国。当然，民族主义的兴起改变了大环境，削弱了大英帝国的软实力，令统治越来越困难。成立英联邦就是为了在新的后殖民时代保留这种软实力的影响。

一个国家的“大战略”是其领导人关于如何保障国家安全、福利和国民身份认同（用杰斐逊的话说，即人人享有的“生命权、自由权和追求幸福的权利”）的理论和叙事，该战略必须随着环境的变化而变化。过于僵化的战略可能会适得其反。战略不是政府最高层的神秘财产，它可以应用于各个层面。[9] 国家必须有整体的战略计划，但在面对事情时也必须保持灵活性。一位历史学家提到，健全的大战略是“目的和手段的等式，即使在战略、操作和行动上遭遇一系列失败，这个等式也依然成立”[10]。一些研究后冷战世界的美国分析人士寻找可被简化为印在保险杠贴纸上的叙事，例如过去曾用过的“遏制”。他们忘记了同样的口号背后的政策有时是相互冲突的。[11] 对一些人来说，遏制战略是发动越南战争的正当理由，而对提出遏制战略的乔治·凯南来说却并非如此。比简单的公式或巧妙的口号更重要的是情境智力，即精确评估权力趋势并提前想好明智的应对政策。[12]

如我们所见，学者、专家和总统们经常错误地评估美国在世界上的地位。例如，20 年前，人们通常认为过度扩张导致美国进入衰退。10 年后，冷战结束，新的常规认知是，世界是美国称霸的单极世界。一些观察人士得出结论，美国强大到足以决定它的所思所想才是正确的，其他国家只能遵从。查尔斯·克劳萨默将这种观点称为“新单边主义”，这种关于美国主导的叙事甚至在令人震惊的“9 · 11”恐怖袭击事件发生之前就已严重地影响了布什政府，产生了使用防御性战争和强制民主化的“新布什主义”。[13] 然而，新单边主义是建立在对世界政治中的权力性质的完全误解和认为拥有优势资源就能产生有利结果的观念背景之上。

当前世界环境的主要特征是什么，它们是如何变化的？[14] 我把今天的政治背景比作一场三维国际象棋游戏，其中洲际军事力量高度集中在美国，洲际经济实力在美国、欧盟、日本和金砖国家之间以多极方式分布，应对气候变化、犯罪、恐怖主义和大流行病等跨国问题的权力呈高度分散状态。对资源在参与主体之间分配情况的评估因不同领域而异。世界既不是单极的，也不是多极的，更不是无序的——它同时存在这三种状态。因此，一个巧妙的大战略必须能够应对权力在不同领域内极其不同的分配状态，并且要理解这些领域之间的权力交易。通过只关注最重要的棋盘的纯粹现实主义视角和主要关注其他棋盘的自由主义制度视角来观察世界，已经没有意义了。如今，情境智力需要同时关注三个棋盘，综合了“自由现实主义”的新视角。毕竟，在三维游戏中，只专注于一个维度的玩家从长远来看势必会失败。

这就需要了解如何对其他国家行使权力，以及如何与其他国家一起行使权力。在国家间军事关系这个最高层级问题上，了解形成联盟和均势的方式仍然重要。低层级的问题涉及非国家行为体和包括大流行病、气候变化等在内的跨国威胁，但是最佳的军事战斗秩序对解决这类问题没什么帮助，尽管这类问题会对数百万人的安全构成威胁，其程度与传统上推动国家战略的军事威胁相当。应对这类问题需要合作、机构和公共产品，这样所有人都能从中获益，没有人可以被排除在外。

霸权理论家研究了转型问题和冲突的前景，但他们也研究了霸权对提供公共产品的有益影响。这导致了霸权稳定理论的产生。由于无法阻止他者享受公共产品的好处却不支付费用，投资生产公共产品的动力不足，这导致所有人都能受益的公共产品生产不足。如果人人都想“搭便车”，就没有人有动力投入生产公共产品。可能存在例外的情况是，如果一国比其他国家大得多，即使有小国搭便车，那么该国也会认识到投入生产公共产品仍然有好处。这就是“歌利亚的囚笼”[15]。在这种情况下，霸权国家对于全球治理是必要的，且必须带头生产全球公共产品，因为小国缺乏生产的动力和能力。

如果最大的国家没有承担起这一任务，就可能对国际体系产生灾难性的影响。例如，美国在一战后取代英国成为世界领先的金融和贸易国时，它没有承担这些责任，这导致了严重的大萧条。一些分析人士担心这种情况会重演。[16]随着中国在经济规模上接近美国，它会成为“负责任的利益相关者”（借用布什政府的措辞）吗？

幸运的是，霸权优势并不是生产全球公共产品的唯一途径。罗伯特·基欧汉认为，在“后霸权时代”，通过设立国际机构来解决协作和搭便车问题是有可能的。[17]此外，正像其他理论家指出的那样，霸权稳定理论过于简单化，因为纯粹的公共产品很少见，而且大型政府通常可以将其他国家排除在它们提供的某些利益之外。[18]一些覆盖广泛的产品，如安全或贸易协定，可以变成能使许多人受益但将一些人排除在外的“俱乐部产品”。

全球政府在21世纪不太可能实现，但一定程度上的全球治理已经存在。当今世界上已经存在数百个条约、机构和制度来治理国家间行为，包括电信、民用航空、海洋倾倒、贸易甚至是核武器扩散等领域。但是，这些机构很少能独立发挥作用。它们仍然受益于大国的领导。而21世纪最大的国家能否胜任这一角色，还有待观察。随着中国和印度实力的增强，它们在这个维度的行为会发生怎样的变化？包括自由主义学者约翰·伊肯伯里在内的一些人认为，现有的这套全球机构体系足够开放，有很强的适应性，中国会发现加入其中符合自己的利益。[19] 另一些人认为，随着实力上升，中国将希望在全球机构体系打上自己的烙印并建立自己的国际制度体系。一些人曾预见，到 21 世纪中叶世界将变成由美国、中国和印度组成的三极世界。具有讽刺意味的是，这三个大国都是最保护主权的国家，也是最不愿意接受后威斯特伐利亚体系的国家。

即使欧盟在世界政治中保持主导地位并推动更多制度创新，但除非发生像二战那样的灾难，否则不太可能再出现像 1945 年以后联合国机构体系成立那样的“立宪时刻”。今天，作为一个全球性机构，联合国在合法化、危机外交、维和与人道主义行动方面发挥着关键作用，但事实证明，其规模本身对其他许多职能的发挥都是一个不利因素。例如，正如 2009 年《联合国气候变化框架公约》缔约方大会所显示的那样，近 200 个国家参加的会议往往难以操作，并且受制于集团政治和参与者的战术行动，而这些参与者在很大程度上是无关紧要的，因为它们缺乏解决复杂问题的资源。

多边外交的困境之一是如何让每个人都参与进来，同时保持行动正常。答案可能在欧洲人所说的“可变几何”中。多边主义可以有许多种形式，根据在不同议题上权力资源的分配情况而变化。例如，在货币事务方面，1944 年的布雷顿森林会议缔造了国际货币基金组织，其后成员扩大到 186 个国家，但直到 20 世纪 70 年代，货币合作的关键因素一直是美元的优势地位。在美元走弱和尼克松总统宣布美元与黄金脱钩后，法国在 1975 年召集了 5 个国家，在朗布依埃城堡的图书馆召开会议讨论货币事务。[20] 五国集团很快发展成七国集团，之后规模和成员再度扩大，成为八国集团（包括俄罗斯，还有大量的官僚和媒体出席）。随后，八国集团开始邀请金砖五国和其他国家。在 2008 年金融危机中，这一框架演变成一个新的二十国集团，成员更具包容性。

与此同时，七国集团继续就较窄的货币议程举行部长级会议；金融稳定委员会等新机构成立，中美之间的双边讨论继续发挥重要作用。正如一位资深外交家所指出的那样，“如果你试图与 20 个国家谈判达成一项汇率协议，或者像克林顿政府早期那样与其他国家谈判援助墨西哥的计划，只不过谈判对象是 20 个国家，这可不容易。只要参与者超过 10 个，事情就太难了，根本办不成”[21]。毕竟，有 3 个参与者就有 3 对关系，有 10 个参与者就有 45 对关系，100 个参与者就有将近 5 000 对关系。以气候变化问题为例，《联合国气候变化框架公约》将继续发挥作用，但更密集的谈判可能会在较小的论坛上进行，只有不到 12 个国家参加，但它们占温室气体排放量的 80%。

大部分的全球治理工作依赖于正式和非正式的网络。网络组织（如二十国集团）被用于设置议程、建立共识、协调政策、交流知识和设定规范。[22]网络的中心性可以成为权力的来源，但“从这种类型的连接中产生的权力并不能将结果强加给他人。网络不是被引导和控制的，而是被管理和精心策划的。多个参与者被整合到一个整体中，这个整体大于各部分的总和”[23]。换言之，该网络提供的是与其他参与者一起取得理想结果的力量，而不是将权力凌驾于其他参与者之上。我们看到，网络产生的力量既可以来自强联系，也可以来自弱联系。强联系如联盟，“从建立基地权、情报共享、武器系统统合作与购买、共享军事部署，到在多边机构中彼此支持、贸易互惠和共同安全保障等各个方面，使一个国家的实力成倍增加”。而弱联系如全球多边机构，“尽管存在明显的缺陷……仍然很重要，如果在像联合国、国际货币基金组织和世界银行那样的机构中都不能拥有重要的话语权，一个国家就不可能成为大国”[24]。从这个维度上讲，预言亚洲世纪的到来还为时过早。与其他国家相比，美国在密集的全球治理网络中仍将处于相对核心的地位。

理解21世纪的权力转移[①]

苏联解体后，美国一度成为全球唯一的超级大国，但这种情况没有持续下去。发展中国家尤其是中国的影响不断上升，再次改变了权力的转移。到了21世纪，权力从西方向东方转移已经不可阻挡。在此，我们将审查随着新世纪和第二个千年的到来，这些权力转移是如何形成的。

21世纪正在进行两重权力转移。一重发生在国家之间，

① 初发表于《欧洲金融观察》2011年6月24日刊。Joseph S. Nye Jr., "Understanding 21st Century Power Shifts," *The European Financial Review*, June 24, 2011, https://www.europeanfinancialreview.com/understanding-21st-century-power-shifts/?__cf_chl_jschl_tk__=pmd_Q4pVq4bh0b5E_ktbUJ_H7GDQPCAWBr_t.CVCw34ZvPQ-1630548906-0-gqNtZGzNAfujcnBszQcR.

从西方向东方转移；另一重是从政府向非政府行为体转移，无论在东方还是西方，都是如此。我将第一重称为权力迁移，第二重称为权力分散。

权力迁移有时被称作亚洲崛起，但更恰当的说法应该是亚洲复兴，因为如果人们观察 18 世纪的世界，会发现当时亚洲人口和产品都占全球一半以上。1900 年，亚洲人口仍然占世界一半以上，但产品份额已经下滑到只占世界的 20%。在 21 世纪，我们将会看到亚洲恢复到正常水平，拥有世界一半以上的人口和产品。复兴始于明治维新后的日本，紧随其后的是韩国、新加坡、马来西亚等较小的国家。现在中国是复兴的中心，但印度也将被囊括在内。印度现在的年增长率为 8%~9%。我们应该看到，在 21 世纪，亚洲整体将恢复到人们认为的正常水平。这就是权力迁移。

理解权力分散，最好是从技术，尤其是信息技术，如何影响参与国际事务的成本的角度来入手。1970—2000 年，计算能力的价格下降为原来的千分之一。这是一个非同寻常的数字。如果机动车的价格与计算能力的价格下降得一样快，现在人们买一部车只要花 5 欧元。一件东西的价格下降得这样快，就消除了准入的壁垒。那些以前只有政府或大企业能做的事情，现在其他人也可以做了。如果你想于 1970 年在莫斯科、纽约、布鲁塞尔、约翰内斯堡和利雅得之间进行即时通信，技术上是可以实现的，但非常昂贵。现在，任何人都可以做到，而且几乎是免费的。

这意味着曾经仅限于政府或企业等大型组织使用的东西，现在任何人都可以使用，这对世界政治产生了重大影响。这并不意味着政府会被取代或者民族国家会被淘汰。相反，这意味着政府行动的舞台现在挤满了更多较小的行为体。一些较小的行为体是善意的，例如旨在减轻贫困的乐施会；也有一些行为体是恶意的，例如试图夺人性命的基地组织。但重要的是，这种权力分散产生了一种新型国际政治，而我们还没有开始理解这一点。我们需要认识到，在一个信息科技如此强大和重要的时代，往往重要的不仅仅是谁的军队赢了，更是谁的故事赢了。创造有效叙事的能力至关重要。

想想恐怖主义问题。恐怖分子的军事力量很小，但他们有很强的软实力和叙事能力。本·拉登没有用枪指着那些人的头让他们撞击世贸大厦，也不是用钱收买他们发动袭击，而是告诉他们伊斯兰教受到威胁，需要净化，这种说法吸引了他们。如果认为仅凭硬实力就能解决这个问题，我们就犯了错。

权力是通过对他人施加影响从而产生你想要的结果的能力，你可以通过胁迫和威胁来做到这一点，即所谓的“大棒”。你也可以通过收买来做到这一点，我们称之为“胡萝卜”。或者，你可以通过吸引和说服来做到这一点，这就是“软实力”。在信息时代，软实力的重要性与日俱增。著名的英国历史学家 A. J. P. 泰勒写了一本关于 19 世纪争夺欧洲控制权的著作，他将大国定义为一个能够在战争中占上风的国家。但我们必须超越这种狭隘的思考方式，思考 21 世纪的权力意味着什么，并将权力视为更加立体化的事物，不只包括军事实力，也包括经济实力和软实力。

关于权力从西方向东方迁移，现今人们提出的问题之一是：中国是否超过了美国？一些中国学者已经写过关于美国衰落的文章。俄罗斯总统梅德韦杰夫曾表示，金融危机是美国权力终结的开始。当下，伴随衰退而来的经济问题导致美国出现某种悲观情绪。许多美国人现在认为美国正在衰落。但在把这当真之前，人们应该注意到，在苏联于 1957 年发射了世界第一颗人造卫星后，美国人就认为美国正在衰落，苏联将占上风。1971 年，尼克松总统关闭了美元兑换黄金的窗口，当时也有人认为这是美国权力的终结。20 世纪 80 年代，当日本表现非常优异、日元坚挺时，也有美国人认为这是美国权力的终结。

美国人经历了这些心理周期，但并没有对权力资源的变化了解多少。如果仔细审视权力资源，美国人就会意识到美国有可能在未来几十年里仍然比中国强大。投资公司高盛曾预测，如果中美两国都以现在的速度增长，那么到 2027 年，中国经济的规模将与美国相当。中国经济甚至可能会比这更早地赶上美国的规模。中国是一个大国，增长迅速。但即使中国的经济规模总体与美国相当，以人均收入这个衡量尺度来看，两国经济的内在情况也不会相同。人均收入是一个更好的衡量经济体复杂性的标准，当中国的总体经济规模与美国持平时，人均收入将仅为美国的 1/3。

此外，在比较中美两国的实力时，不应仅仅比较经济实力。在军事实力方面，美国在全球的军事力量可能仍然比中国大得多。中国正在建造一艘航空母舰，但拥有一艘航空母舰和拥有 11 个航母战斗群之间的差异是巨大的。最后是软实力问题。中国对增强软实力非常感兴趣。中共十七大报告指出提高软实力的重要性。中国正在做出重大努力，花费几十亿美元用于兴办孔子学院和进行对外广播。中国政府应该更重视公民社会的力量，因为各个社会之间建立的非正式的社会联系才是产生软实力最有效的途径。

对中国将在这三个维度中的任意一个维度超过美国的担忧都是过度的。为什么这么说？权力本身无所谓好坏，但权力过大可能是件坏事。它会让人变得狂妄自大，制定错误的战略。对权力分配有精准的认知非常重要。当人们过度担忧权力时，可能会反应过度或者采取危险的战略。雅典的崛起引发了斯巴达的恐惧，导致了伯罗奔尼撒战争，希腊的城邦体系在战争中遭到破坏。同样，一战摧毁了欧洲国家体系在全球的中心地位，人们常说，这场战争的原因是德国的崛起和因此引起的英国的恐惧。

一些分析人士预测，21 世纪的权力叙事将会是这样：中国实力的崛起引发美国的恐惧，这将导致一场巨大的冲突。但这个历史故事很糟糕，他们也对我们这个世纪的权力缺乏了解。这就是我们在权力迁移中面临的危险，避免这种情况的最好办法是清晰地认识权力的三个维度以及它们是如何变化的，认识到美国不必感到恐惧这个事实。

不必过度担忧是很重要的，我之所以这么说，另一个原因是权力的分散。我们看到，中美两国，当然还有欧洲、日本和其他国家，都将面临一系列新型跨国挑战，如气候变化、跨国恐怖主义、网络风险以及大流行病。所有这些问题未来都会增加，必须各国合作来应对。没有一个国家可以凭借一己之力解决这些问题，因此在讨论这些问题时，谈论世界是多极的还是单极的完全没有意义。而且有趣的是，如果看一下 2010 年 5 月奥巴马政府发布的《国家安全战略报告》就会发现，它提到了这样一个事实，即美国必须将权力视为正和游戏，而不仅仅是零和游戏。换言之，中国权力的增强，在某些时候可能对美国和欧洲有利。例如在控制碳排放方面，中国是一个超级大国。美国应该积极帮助中国加强在该领域的能力，这是双赢的局面。

美国面临的许多这类新型跨国挑战都要求美国必须摒弃将权力凌驾于他者之上的狭隘想法，而是应该与他者共同行使权力。这也是美国不想变得过度恐惧的另一个原因，因为这会让美国无法与中国合作。我们所面对的21世纪与A. J. P. 泰勒所描写的19世纪和20世纪大不相同，当时他将大国定义为能够在战争中占上风的国家。我们必须学会如何将硬实力资源（即军事和经济实力）与软实力资源结合起来，形成成功的巧实力战略。

国务卿希拉里曾指出，奥巴马政府的政策建立在巧实力基础上。而且她确实说过，我们不应该谈论多极化，而应该谈论多边伙伴关系。这是处理21世纪权力的未来的另一种方式。美国总统罗斯福在大萧条时期表示："我们唯一应该恐惧的是恐惧本身。"也许当我们进入21世纪时，我们应该说，最应该担忧的事情之一是恐惧本身。如果我们能对权力的分配保持公允的评估，并找出应对我们——指的是美国、中国、欧洲国家、日本和其他国家——所面临的共同挑战的办法，我们确实可以达成双赢的局面。这就是我所要传达的信息：我们需要摆脱对权力的旧思维，拓宽我们的思维方式，以适应在这个21世纪将要发生的变化。

软实力概念的起源与政治演进[①]

软实力作为国家使用其政治力量的合法工具被逐渐接受，令这个概念具有了更大的影响力。从欧洲到美国，最终到中国，这个概念的吸引力越来越大，但对它的解释和应用则各不相同。

我在1990年出版的《美国注定领导世界？》一书中创造了“软实力”一词，该书挑战了当时认为美国实力下降的普遍看法。[25] 在研究了美国的军事和经济权力资源后，我认为仍然缺少一些东西——通过吸引和说服而不仅仅是胁迫和

① 节选自《软实力概念的起源与政治演进》，初发表于《帕尔格雷夫通讯》2017年刊。Joseph S. Nye Jr., “Soft power: the Origins and Political Progress of a Concept,” *Palgrave Communications*, February 21, 2017, https://www.nature.com/articles/palcomms20178.pdf.

收买来影响他人的能力。当时，人们普遍认为美国正在衰落，保罗·肯尼迪的《大国的兴衰》成为《纽约时报》畅销书。[26]肯尼迪认为美国当时正受困于“帝国的过度扩张”，很快将走上17世纪的西班牙和爱德华时代的英国的老路。许多人赞同这些观点，认为苏联在军事力量上超过了美国，日本在经济实力上超过了美国。我对这种传统观念表示怀疑，我参加了许多研讨会和会议，成了孤独的异议者。

国际关系领域的学者和实践者都倾向于把权力当作有形的资源，可以把它踩在脚下或投到一个城市里。像爱德华·卡尔[27]这样的古典现实主义者并没有这种观点，但新现实主义理论家很认同这种观点，如肯尼斯·华尔兹及其追随者，他们在20世纪70年代很时尚。[28]人们总是用胁迫和收买来达到目的，但有时也通过思想和吸引力影响他者，为他者设定议程或让他者与他们的欲求保持一致。这种情况下，“胡萝卜加大棒”政策的必要性就降低了，或者可以节约使用，既然其他人认为这种政策是合法的。凭借普世价值观、开放的文化和从好莱坞到基金会、大学的大量流行文化资源，美国似乎处于独特的地位，可以影响他人对世界和美国的看法。当然，这并没有让美国对所有人都有吸引力。伊朗的毛拉们就是反例。但在美国有吸引力的地方，这是一个巨大的优势。正如一位挪威学者所指出的，如果美国人在欧洲建立了帝国，那也是“受邀建立的”。[29]我试着用各种术语来概括这些想法，并最终确定了“软实力”一词。我希望它于我所在领域的传统话语中引起的略带矛盾的共鸣，能让人们在谈论权力时重新思考他们的假设。

我将软实力视为一个分析性的概念，用来填补分析家们对权力思考方式的不足，但它逐渐引起了政治上的共鸣。在某些方面，这个词背后的思想并不新鲜，类似的概念可以追溯到古代哲学家。此外，尽管我在关于美国权力的著作中创造了软实力这个词，但这个词并不局限于国际行为或美国。当我对领导力研究产生兴趣时，我在 2008 年出版的《巧实力：权力，个人、企业和国家》一书中将这个概念应用到个人和组织身上。[30] 尽管如此，该术语也已经在国际关系领域被深入使用，随着欧盟的发展，更多的欧洲领导人开始提到软实力。不过，美国政治领导人较少使用这一术语。

2002 年，在军方于华盛顿组织的一场会议上，我是两位主旨发言人之一。我向与会的将领们讲述了软实力，从他们的提问来看，他们似乎理解了这个概念。后来，其中一位将领向另一位主旨演讲者——国防部部长唐纳德·拉姆斯菲尔德提问，问他对软实力怎么看。拉姆斯菲尔德回答说他不明白软实力是什么意思，这一点在他的政策中有明显体现。这种傲慢在“9·11”恐怖袭击事件发生后的安全大戏之前就已显露出来，但在那种恐惧的气氛下很难谈论软实力，尽管吸引温和派远离激进派的呼吁是任何有效反恐战略的关键组成部分。

在这种气氛下，随着入侵伊拉克被证明是灾难性的，我感到我需要更详细地阐述软实力的含义。即使是同事们，也错误地将软实力描述为“文化和商业产品等非传统力量”，并以“它是软弱的”为由不予考虑。[31]一位女性国会议员朋友私下告诉我，她百分百同意我的理念，但向那些想听强硬言论的政界人士宣讲软实力是不可能的。2004年，我在《软实力：世界政坛成功之道》一书中对软实力的概念进行了更加详细的阐述。我还讲到，软实力只是权力的一个组成部分，且难以单独发挥作用。将硬实力和软实力结合起来形成互相强化的成功战略的能力，可被称为“巧实力”（此术语后来被国务卿希拉里采用）。在2011年出版的《权力大未来》一书中，我进一步发展了软实力概念在网络权力领域的应用。[32]我明确了软实力并不是一个规范性概念，扭转一个人的思想并不一定比强迫其扭转行为要好。像本·拉登那样的人也能使用软实力。虽然我在本书中非常充分地讨论了软实力在各个维度的概念，但其核心定义（通过吸引和说服而不是胁迫和收买来影响他人以取得期望的结果的能力）一直保持不变。

2007年，由于伊拉克的战况持续恶化，何慕理（John Hamre）、理查德·阿米蒂奇和我共同主持了华盛顿的战略与国际问题研究中心的“巧实力委员会”。在有前参议员和最高法院大法官参与的情况下，我们希望利用软实力和巧实力实现以美国外交政策为中心的政治目的。之后，同样在2007年，布什政府的国防部部长罗伯特·盖茨呼吁美国对软实力加大投入。这与17年前我在厨房桌子上潦草写下的那个分析性概念已相去甚远。“巧实力”这个术语（将硬实力和软实力资源成功地结合到有效的战略中）显然是规定性的，而不仅仅是分析性的。

更加令人印象深刻的，是软实力这个概念在中国的命运。在中国大力发展硬实力的同时，领导人意识到，如果配合软实力，就会更容易被接受。这是一个巧妙的战略，因为随着中国军事实力和经济实力的增长，邻国可能会出于恐惧而建立制衡中国力量的联盟。如果中国能在崛起的同时提高软实力，就能削弱邻国组建联盟的动机。2007年，中共十七大报告指出提高软实力的重要性。随后，中国一直对提升软实力持续投入力量。就此，数十亿美元被投入用于提升软实力，成千上万的相关文章被发表。中国令人惊叹的经济增长记录让数亿人脱离贫困，其传统文化也是吸引力的重要来源，但民意调查显示，在世界大部分地区包括亚洲，中国的总体吸引力仍然落后于美国。在位于英国伦敦的波特兰咨询公司制作的年度软实力指数中，美国位列第一，中国排名第28位。[33]

中国高层对这一概念的认可给我带来了直接的影响。在中国十七大报告中使用这一概念后的一年里，几乎每个星期我都会收到约稿邮件，还有参加软实力研讨会或会议的邀请。

中国官员与我联系，想就如何提高中国的软实力进行进一步交流。我总是给出同样的建议。我说，中国应该认识到，一个国家的软实力大部分来自公民社会而不是政府。

随着时间的推移，我逐渐认识到，软实力等概念就像孩子。作为一个学者或公共知识分子，你可以在他们年幼时爱护和管教他们，但随着他们的成长，他们会四处游荡，结交新的伙伴，有好也有坏。你对此无能为力，即使是你创造了他们。正如普林斯顿大学政治学家鲍德温最近所写的那样："奈对软实力的讨论激励了政策制定者和学者并使他们明晰了思想——即使是那些误解或不同意他观点的人。"[34] 也许这就是人们所能期望的一切。

何为道德外交政策[①]

判断一项外交政策的好坏，不仅要看其具体行为，也要看其行为模式如何塑造国际政治环境。例如，在提供全球公共产品方面的领导力与“美国优先”是一致的，但这一点建立在对历史和制度更广泛的理解之上，而不是特朗普总统所展示的那样。

许多美国人称，他们希望外交政策合乎道德，但对什么是合乎道德的外交政策意见不一。使用三维记分卡有助于我们避免过于简单化的回答，并审视美国总统行动的动机、手

① 初发表于世界报业辛迪加网站（2020年3月4日）。Joseph S. Nye Jr., “What Is a Moral Foreign Policy?” Project Syndicate, March 4, 2020, https://www.project-syndicate.org/commentary/how-to-judge-morality-of-foreign-policy-by-joseph-s-nye-2020-03.

段和结果。

比如说，回想一下里根总统和两位布什总统执政时期。当人们呼吁实行“里根式外交政策”时，他们意在强调他在陈述价值观时言辞的清晰性。明确的目标有助于教育和激励国内外的公众。

但这只是里根总统外交政策的一个方面。他的道德领导的成功，还依赖于他讨价还价和妥协的手段。关键在于，他在平衡目标和尝试实现这些目标要冒的风险方面是否谨慎。

在第一任期内，里根总统最初的表态导致美国和苏联之间的紧张关系和互不信任达到了危险的程度，增加了误判或导致意外战争的风险。但这也产生了讨价还价的动力，后来当戈尔巴乔夫在苏联上台时，里根总统很好地利用了这一点。里根总统推进了美国的国家利益，而且他的方式并非只符合美国利益。

与之相反，老布什自己也承认，他在冷战结束时并没有想要推动外交政策变革。他的目标是在一个地缘政治快速变化且影响深远的时期避免灾难。虽然他提到了“新的世界秩序”，但他从未对其进行详细描述。当老布什和他的团队应对那些在很大程度上超出他控制范围的力量时，他设定的目标是平衡机会和谨慎。

为了追求长期稳定，老布什限制了他的短期目标，这导致一些批评者抱怨他没有制定更宏伟的目标。相反，他在一个动荡不安的时代表现得很谨慎，设法以一种不至于过度孤立的方式实现美国的目标，并将对外国人的利益损害减少到最小。他小心翼翼地避免羞辱戈尔巴乔夫，并设法让俄罗斯的领导权转移到鲍里斯·叶利钦手里。

如果能使用更好的沟通技巧，那么老布什可能能够让美国公众更多地了解他们面对的后冷战世界的性质变化。但考虑到历史的不确定性，以及冷战结束后可能出现的灾难，老布什的外交政策是 1945 年后最好的外交政策之一。他让美国从冷战的结束中获益，同时避免了灾难的发生。

他的儿子小布什在第一任期开始时对外交政策的兴趣有限，但在“9 · 11”恐怖袭击事件发生后，小布什转变了目标。他开始专注于国家安全，但在危机时刻转而使用维护民主的说辞来召集追随者。他的 2002 年国家安全战略被称为“布什主义”，宣称美国将“识别并消灭任何地方的恐怖分子，以及支持他们的政权”。

这个新游戏的规则很少，对手段的关注也不够。小布什应对恐怖主义威胁的解决方案是传播民主，因此“自由议程”成为他 2006 年国家安全战略的基础。但是他缺乏让伊拉克民主化的手段。铲除萨达姆·侯赛因并没有实现这一目标。对造成恐怖主义的背景了解不够充分，加上规划和管理不善，削弱了小布什的宏伟目标。布什主义的结果是伊拉克教派内战，恐怖组织壮大，最后演变为“伊斯兰国”（ISIS）。

美国外交政策存在的一个常见问题是背景的复杂性，这增加了出现意外后果的可能性。审慎有时被认为纯粹是为了一己私利，但在外交政策中，它成为一种美德。粗心大意的评估和鲁莽的冒险往往导致不道德的后果，或者在法律上被称为“应受惩罚的疏忽”。审慎还要求具备管理自己情绪的能力。在这两方面，特朗普总统拒绝使用情报人员而是依赖电视信息来源，引发了外交政策中严重的道德和实践问题。

这又引出了机构的角色问题，以及美国总统对国家利益的定义范围有多广。总统的外交政策不仅取决于具体的行为，也取决于一套行为模式如何塑造国际政治环境。世界上最强大的国家在全球公共产品供应方面的领导地位与“美国优先”是一致的，但这一点建立在对该术语更广泛的理解之上，而不是特朗普总统所展示的那样。正如亨利·基辛格所说：“不考虑道德的权力算计将把每一个分歧变成对实力的考验……不关心均势的道德规范要么变成十字军东征，要么变成易受挑战的无效政策，这两种极端都可能危及国际秩序本身的一致性。”

对良好的外交政策来说，审慎是一种必要的美德，但这还不够。美国总统在需要接受更广泛的制度愿景方面一直很审慎。在未来，正确理解、应对新的技术和环境变化（如网络威胁、人工智能、气候变化和大流行病）的愿景与战略意识将至关重要。

合乎道德的外交政策不仅让美国更加安全，也让世界更加美好。我们通过观察行为和机制、作为与不作为，以及动机、手段和结果三个维度来判断政策是否合乎道德。即便如此，外交政策的性质——总有许多突发事件和不可预见的事件，往往意味着其既合乎道德又不合乎道德。

未来的总统将面临全球权力的横向和纵向双重转移——这将塑造美国在 21 世纪的外交政策环境。横向转移是由于亚洲的崛起，更确切地说，是亚洲的复兴。在 19 世纪的工业革命推动欧洲和北美经济发展之前，亚洲拥有世界一半以上的人口和一半的经济总量。1900 年，亚洲人口仍占世界半数，但其在全球经济中的份额缩水到 20%。二战后日本经济以两位数的速度增长（这是美国政策的目标之一），东南亚、中国和印度紧随其后，世界经济的比例分配正在恢复到更加正常的水平。尤其需要注意的是中国实力的崛起和世界存在陷入“修昔底德陷阱”的危险。“修昔底德陷阱”是指新兴国家的崛起导致守成大国产生恐惧，进而引发毁灭性的战争。一些人认为，就像在 20 世纪崛起的德国挑战英国那样，21 世纪的世界将被一场类似的霸权转移战争摧毁。

另一重大型权力转移是科技驱动的纵向转移。始于 20 世纪 60 年代的信息革命将以前所未有的方式为更多行为体提供更多信息，因为根据摩尔定律，计算芯片的能力每两年将翻一番。横向权力转移有时被称为“新封建主义”，在这种架构中，主权国家与其他各种行为体分享权力。而科技赋予了非国家行为体权力。这些行为体并不取代主权国家，但它们挤占了政府行动的舞台，制造出新的工具、问题和潜在的联盟。[35]此外，科技加强了经济、政治和生态领域的相互依存，并创造了更多的跨国联系和通常不受政府控制却影响政府间关系的问题。这种全球相互依存关系也在社会内部产生了再分配效应，这改变了国内政治，进而影响到外交政策。

这两重权力转移对过去70年的自由秩序构成了挑战。《金融时报》的马丁·沃尔夫等一众受人尊重的评论家认为："西方主导的全球化经济时代和后冷战时期美国主导的'单极时刻'全球秩序已经结束。问题是，接下来世界究竟是会经历后二战时代的解体，就像20世纪上半叶那样进入'去全球化'和冲突时期，还是会进入一个由非西方大国（特别是中国和印度）在维护全球合作秩序方面发挥更大作用的新时期。"[36]这样一个新世界对道德外交政策提出了新挑战。

第二部分

美国如何运用软实力

美国在发展和运用软实力方面或主动或被动地扮演着重要的角色。二战结束后，美国通过好莱坞、音乐以及自由民主的理念极大地影响了盟友，并让美国得以在未采取军事干预的情况下施加影响力。

美国对软实力加以运用的演化过程可以成为美国观察其他国家，尤其是中国的参照系。

软实力与美国的外交政策[①]

尽管美国的外交决策不受欢迎且引发了不断上涨的反美情绪，但是能够展现美国软实力的文化、价值观等依然具有吸引力。虽然我们面对的问题会有不同，但这篇发表于 2004 年的文章所阐述的观点似曾相识。与此同时，它让我们得以了解和理解美国的变与不变。

在过去几年里，全世界的反美情绪逐渐高涨。经验丰富的外交官托马斯·皮克林认为，2003 年是“我们长期以来观

① 初发表于《政治学季刊》2004 年夏季刊。Joseph S. Nye Jr., “Soft Power and American Foreign Policy,” *Political Science Quarterly*, vol.119, no.2 (Summer, 2004): 255–270, https://www.jstor.org/stable/20202345.

察到的反美主义的发展顶峰”[1]。民意调查显示，美国的外交政策是导致美国软实力消退的主要原因。“一个颇为流行且时髦的观点是，美国是一个典型的帝国主义强国……不同的人正在以不同的方式表达自己的反美情绪，从加拿大蒙特利尔冰球球迷在听到美国国歌时爆发出嘘声，到瑞士的高中生不愿意去美国当交换生。”[2] 一位澳大利亚的观察家指出：“美国在伊拉克的教训说明美国的软实力正在下降。小布什总统发动的战争并没有为美国赢得更广泛的军事联盟或联合国的授权。这导致了两个直接的后果：其一，高涨的反美情绪助长了恐怖组织的成员招募；其二，美国参与战争及日后重建的成本大幅增加。”[3] 盖洛普公司对全球 24 个国家所做的民意调查显示，有 15 个国家的大多数民众都认为，美国的外交政策在他们对美国的态度上产生了负面影响。

欧洲晴雨表的一项民意调查显示，大部分欧洲人认为美国在消除全球贫困、保护环境以及维护世界和平等方面扮演着消极的角色。[4] 在皮尤研究中心组织的一次民意调查中，当被问及美国是否会“关切或考虑你的利益”时，参与调查的 42 个国家的民众中，有 20 个国家的大部分民众都认为“基本不会”或“根本不会”。[5] 在很多国家，更年轻的群体对美国的负面评分最高。年轻群体或许对美国的流行文化多有推崇，但是美国的外交政策让更年轻的下一代对美国的强权产生了质疑。[6]

相比20年前美国政策在欧洲正不受欢迎的时期，目前美国的电影和音乐在英国、法国和德国变得更受欢迎，但美国的政策变得更没有吸引力。[7]有迹象表明，美国不受欢迎的外交政策很有可能会产生外溢效果，由此削弱美国流行文化在某些方面的吸引力。民意调查机构罗珀在2003年的一项研究表明："自1998年以来，30个国家和区域的消费者首次表示他们会通过不购买耐克的产品或不去麦当劳就餐来表达自己对美国的失望和不满……与此同时，排名前12位的亚洲和欧洲公司中有9家的销售业绩呈上涨趋势，其中包括索尼、宝马和松下。"[8]

忽视软实力的代价

软实力是一种通过吸引而非强迫或收买的方式来获得你想要的结果的能力。如果你能够让他人也追寻你想要的结果，你就没必要花那么多心思实施"胡萝卜加大棒"政策，来让对方按照你设定的方向前进。相形之下，硬实力是一个国家基于军事和经济实力来胁迫他国的能力。软实力是一个国家依靠自己的文化、政治理念和政策方针而产生的对外部的吸引力。当我们的政策在他人眼中具有正当的合法性时，我们的软实力就会得到增强。

对软实力持怀疑态度的人通常会很不屑。所谓的受欢迎不过稍纵即逝，无论如何也不应该成为一个国家对外政策的指导方向。美国完全可以在没有他人鼓掌的情况下采取单边行动。美国足够强大，可以为所欲为。美国可是世界上唯一的超级大国，尽管这一事实会引发其他国家的嫉妒和怨恨。福阿德·阿贾米（Fouad Ajami）最近表示："美国无须担忧其他国家的民心向背问题。"[9] 专栏作家卡尔·托马斯（Cal Thomas）也指出："通过改变美国的言行来降低敌人对我们的威胁程度完全是一个虚构的假说。"[10] 除此之外，当我们回顾过去时，美国也曾一度不受欢迎，但美国都已设法予以改观。美国不需要永远的盟友和一成不变的制度。美国随时可以在有需要的时候再自愿结盟。拉姆斯菲尔德经常说，是具体的问题决定了美国与谁结盟，而不是反向操作。

然而，在美国的吸引力持续下降的现状下，以如此轻率的态度加以对待显然是不对的。美国的确从以往不受欢迎的政策中走了出来，但那是在大多数国家将苏联视作最大邪恶威胁体的冷战时期。另外，美国的体量和它具有破坏性的现代化都是真实存在且无从回避的。那么，明智的政治决策将有助于打磨现实锋利的边缘并减少由此产生的怨恨情绪。二战后的美国恰好就是这么做的。美国运用自己的软实力与其他国家协同合作，发展出了在过去 60 年间一贯行之有效的一系列联盟机制和行为准则。美国基于自己的软实力和硬实力提出的遏制战略，帮助美国成功地战胜了苏联，成为冷战的赢家。

跨国或跨区域的恐怖主义所带来的新威胁的确使美国变得更脆弱。美国在“9 · 11”恐怖袭击事件之后出台的一些单边主义政策，正是源于美国内在的恐惧。然而，倘若没有其他国家的合作，美国就无从应对这些在国家安全战略当中出现的新威胁。可以说，在一定程度上，这些国家与美国合作是出于其对自身利益的考量，但是这些国家与美国的合作程度则深受美国吸引力的影响。我们以巴基斯坦为例，巴基斯坦总统佩尔韦兹·穆沙拉夫面对的就是一个相当复杂的局面：一方面，他要同美国合作以打击恐怖主义，但另一方面，他不得不应对巴基斯坦国内选民高涨的反美情绪。于是，他在不断地让步和拒绝之间达到动态的平衡。倘若美国对巴基斯坦民众具有更大的吸引力，那么我们会看到巴基斯坦在整个过程中做出更多让步。

将软实力贬低为公共形象、公共关系和稍纵即逝的受欢迎度问题显然是不明智的。一如我之前所论述的那般，软实力是一种“力量”——一种可以得到预期结果的手段或方式。如果我们忽略或贬低美国对其他国家吸引力的重要性，那么美国必然会为之付出代价。更重要的是，一旦美国在某个国家很不受欢迎，那么在该国国内的政治环境中，“亲美”无异于自取灭亡，因此该国政治领导人也不太可能做出让步来帮助美国。2003 年 3 月，土耳其、墨西哥和智利在伊拉克战争前夕的表现就是明证。当美国的政策在他人眼中丧失了可信度和合法性时，他人不信任的态度将会进一步恶化并削弱美国的影响力。例如，德国民众在“9·11”恐怖袭击事件之后对美国抱有极大的同情，德国很快就加入了针对基地组织的军事行动。然而，随着美国开始为不得民心的伊拉克战争做准备，德国人对美国的开战理由产生了普遍的疑虑，譬如伊拉克政府是否与基地组织有联系，以及伊拉克是否拥有大规模杀伤性武器。又因为美国媒体在战争期间的偏颇报道和在战后并未找到大规模杀伤性武器，加之无法证明伊拉克政府与基地组织有联系，德国人的疑虑变得更加强烈。以上原因综合作用，促使“美国阴谋论”甚嚣尘上。到 2003 年 7 月，30 岁以下的德国人当中有 1/3 认为有可能就是美国政府自己悍然发动了“9·11”恐怖袭击。[11]

荒谬的观点层出不穷，偏执和妄想的情绪互相传染。美国人对外国人的态度变得强硬，开始相信全世界的人都在厌恶美国。一些美国人就此怀恨在心，不再信任所有的穆斯林，抵制法国的葡萄酒，重新命名法式炸薯条，听信各种谣言并四处散播。[12] 反过来，在外国人的眼中，美国人孤陋寡闻、自私自利，对他人的利益毫不关心，美国的媒体更是被国家利益完全裹挟。相应地，有一些美国人捡起孤立主义的残羹冷炙，声称如果其他人是这样看待美国的，“就让他们见鬼去吧”。既然外国人都持这种态度，那美国受不受欢迎又有什么意义。然而，美国一定程度上的自我孤立恰恰助长了基地组织的嚣张气焰。美国人的这些反应不仅仅削弱了美国的软实力，更让美国在争取自己想要的结果时事与愿违。

一些对软实力持强硬反对态度的怀疑论者强调，无论软实力具有什么样的优势，它都在当前的反恐战争中毫无作用。美国的文化内涵、政治理念和政策方针恰恰引发了本·拉登及其追随者的强烈反感。对击败阿富汗的塔利班政府来说，军事力量才至关重要。所谓的软实力根本不可能感化和改变极端的狂热分子。查尔斯·克劳萨默在阿富汗战争爆发后不久就辩称，美国在军事上的快速制胜说明美国的“新单边主义”行之有效。在某种程度上，这么说并没有错。但是，怀疑论者以偏概全，误将部分的答案当作了全部的事实。

我们再回来看阿富汗的情况。尽管美国凭借精准轰炸和特种部队击溃了塔利班政府，但实际上，美国在阿富汗的驻军只摧毁了基地组织不到 1/4 的势力。面对一个在 60 个国家设有分支机构的跨国网络，美国不可能轰炸基地组织设立在汉堡、吉隆坡或底特律的分支。成功打击基地组织的关键在于国与国之间的密切合作，其中包括情报共享、跨境警务合作和全球范围内的资金流动追踪。美国的合作伙伴之所以与美国合作，部分是出于对自身利益的考量，但是美国政策的内在吸引力确实能够影响合作的程度。

同样值得注意的是，当前与恐怖主义的斗争并非文明之间的冲突，而是和伊斯兰文明内部温和派与极端派的相互争战密切相关的一场较量。只有当温和派穆斯林获胜时，美国和其他先进的民主国家才会获胜。因此，能够成功地吸引温和派穆斯林对最终的胜利至关重要。美国需要采取能够吸引温和派的政策并善用美国的民间外交来阐释双方相通的共同利益。为了迎接新的挑战，美国需要更好地学习如何将硬实力和软实力充分结合。

其实，在表象结构之下，全世界在20世纪的最后几十年间发生了深刻的改变。“9 · 11”恐怖袭击事件犹如夏日傍晚的一道霹雳闪电，彻底改变了美国人眼前的风景。然而，美国人却依然在黑暗中摸索着寻找出路。小布什上任之初曾致力于遵循传统的现实主义外交政策，将注意力放在中国和俄罗斯这种大国上，避免在欠发达的区域对失败的国家进行重建。然而，2002年9月，布什政府出台了一项新的国家安全战略，其中声称，“我们鲜少受到战舰和军队的威胁，更多的痛苦来自灾难性的技术落入了少数心中充满愤恨的人的手中”。“今天，世界大国在面对恐怖主义制造的暴力和混乱时是站在同一条阵线上的伙伴”，而非战略竞争对手。美国就此加强了对发展援助和抗击艾滋病的支持，因为“像阿富汗这样的积弱国家会与其他强大的国家一样，对我们的国家利益带来巨大的威胁”[13]。历史学家约翰 · 刘易斯 · 加迪斯将这一新战略的制定与20世纪40年代重新定义美国外交政策的开创性时期进行了类比。[14]

新战略长篇大论地主张先发制人的军事打击和宣扬美国的主导地位，这招致了美国国内外的批评。批评人士指出，先发制人的做法并不新鲜，但是一旦将其变成一种主义或信条，就会在削弱国际准则的同时鼓励其他国家也采取冒险行动。与此同时，美国的主导地位是一个事实，因此大可不必喋喋不休地惹怒他人。布什政府推出的新战略虽然存在这样或那样的缺陷，但还是对“9 · 11”恐怖袭击事件之后国际政治发展的深层趋势做出了回应。“战争私有化”是世界政治的重大历史变迁，我们必须对此加以重视。这也是布什政府新战略的正确之处。美国尚未厘清的是如何落实这些新策略。相比于实现目标的手段，美国总是善于先确定目标。在如何实现目标这个层面，美国政府和国会之间存在着严重的分歧。

国家安全战略指出，美国人民面临的最大威胁是跨国恐怖主义和大规模杀伤性武器，尤其是两者的结合。然而，在应对跨国军事组织有可能获得大规模杀伤性武器这一挑战时，美国需要其他国家的合作，而软实力有助于加强这种合作。同样，美国在伊拉克或其他地方促进民主发展的努力也需要其他国家的合作。如果美国能够与其他国家一起合作而非以一副盛气凌人的霸主姿态与它们来往，那么美国在伊拉克的重建工作和在其他失败国家进行的维护和平的举动，才有可能以相对较低的成本取得成功。美国以战争的方式挥霍其软实力的事实证明，这么做所造成的后果远比原本需要的成本高昂得多。

即使是在 2003 年 5 月战争结束后，带着胜利的荣光与傲慢，美国依然拒绝联合国和其他组织在伊拉克发挥重要的国际作用。然而，随着人员伤亡和战争成本在整个夏天持续走高，美国这才发现没有联合国的背书，许多国家根本不愿意分担重任。美国驻伊拉克的最高指挥官约翰·阿比扎伊德将军在报告中指出："千万不要低估在伊拉克境内乃至整个阿拉伯世界中，民众对于美军在阿富汗的军队中所占比例如此之高的看法和反应。"阿比扎伊德将军还指出，其他国家"也需要让国内的政治选民感到满意，需要展现出它们是在国际社会中扮演着一定的角色而不是在充当美国的棋子"[15]。2003 年 10 月，在马德里召开伊拉克重建筹资会议之前，《纽约时报》报道，美国驻伊拉克最高文职行政长官保罗·布雷默在巴格达表示："我非常需要这笔钱，我们必须摆脱我们反对由国际社会扮演其职责的出发点。"[16] 像马克斯·布特这样的新保守主义者也在敦促保守派不要将边缘化联合国视为其核心原则。为"新单边主义"摇旗呐喊的查尔斯·克劳萨默也呼吁要推动新的联合国决议，因为俄罗斯、印度和其他国家"声称只有在联合国的决议下，它们才会做出自己的贡献"。用克劳萨默的话说："美国尚未到勉强维持的地步，但我们正在承受巨大的心理压力。美国人民也远未做好要在全世界范围内进行国家建设的准备。"[17]

在信息时代，美国的吸引力对于美国得到自身想要的结果至关重要。如果美国在面对新问题或新局势时不是临时搭建新的联盟，而是能够吸引其他国家加入已有的联盟机制，并避免削弱之前已经建立的联盟，那么美国将会从中受益。以北大西洋公约组织为例，它不仅仅是先进国家的实力联结，更是在委员会、程序流程及军事演习的充分合作框架下，对突然发生的危机可以随时制动，立即做出反应。对盟友而言，如果美国能够在为其他国家提供安全及保证上发挥吸引力，那么其他国家将会沿着对美国有利的方向来设置期望。举例来说，《日美安全保障条约》最初在日本并不受欢迎，然而民意调查显示，日本民众对这一条约的接受度在过去几十年里大幅提升。日本政治家因此开始将《日美安全保障条约》纳入他们的外交政策。所以，一旦美国被视作一个有吸引力且持续可靠的保障，这些国家就无须在是否与美国结盟的不确定性中来回摇摆，并且一再检视自己的选择。美国也会从中受益。日本的例子表明，日本民众对美国的广泛接纳实际上“有助于维护美国的霸权”，并“作为一种政治制约因素促使统治精英们选择继续与美国合作”。[18] 受欢迎度有助于带来稳定性。

最后，正如兰德公司的约翰·阿奎拉（John Arquila）和戴维·朗费尔特（David Ronfeldt）所言，信息时代的实力不仅仅来自强悍的军事防御能力，更来自强大的分享能力。传统的现实主义政治思维阻碍了人与人（国与国）之间的分享。然而，在信息时代，这种彼此分享不仅会增强其他国家与美国合作的能力，更会提升其他国家的合作意愿。[19] 当美国与其他国家分享情报和才智时，美国实际上在共塑相同的观点和方法。这反过来会提升美国应对新挑战的能力。权力正是源于这种吸引力。将吸引力的重要性贬低为稍纵即逝的受欢迎度，显然忽略了新的领导理论与信息时代的新现实所需要的关键性认知。忽视软实力的代价，美国负担不起。

美利坚帝国?

并非人人都认同上述世界政治不断变化的图景，他们对美国的外交政策提出了不一样的意见。许多人认为，美国目前的脆弱性恰恰说明美国需要更高程度的强权控制。而且，美国前所未有的国家力量使之成为可能。正如罗伯特·卡普兰所说："观察到美国如今拥有全球霸权已是一种陈词滥调；现在的问题是，这个美利坚帝国究竟在战术层面上要如何管理一个很难驾驭的世界。"[20] 新保守主义代表期刊《旗帜周刊》（*The Weekly Standard*）的编辑威廉·克里斯托尔（William Kristol）说："我们需要走在强势的一边。如果有人说我们是帝国主义大国，那很好。"[21] 2001 年，马克斯·布特在同一期刊发表了一篇名为《美利坚帝国的情况》的文章，显然他从标题开始就对"美利坚帝国"这一说法深表赞同。[22]

30年前，激进左派以一种戏谑的态度使用“美利坚帝国”这一说法。然而，时至今日，它早已被许多分析家——无论是左派还是右派，冠冕堂皇地用来解释和指导美国的外交政策了。例如，安德鲁·巴切维奇（Andrew Bacevich）认为，一个美利坚帝国的概念正在体面地成为主流叙事。而且，我们无须担心它的语义细节。[23] 然而，言语很重要。在《爱丽丝漫游奇境记》中，红桃皇后告诉爱丽丝，言语可以表达任何意思。当我们想要与他人清晰交流时，需要小心留意自己的用词。如果一如巴切维奇所说，美国与历史上其他的帝国都不一样，那么美国究竟在什么意义上是一个帝国？如果使用这一术语会让人产生某些联想或类比，那么它很有可能会掩盖一些重要的差异从而对美国产生误导。

从许多方面来说，帝国的比喻是诱人的。美国军队的确在全球具有影响力，军事基地遍布世界各地，甚至一些地区或区域的指挥官看上去更像是被委任的总督。英语同历史上的拉丁语一样，成为世界通用语言。美国是世界上最大的经济体。美国文化具有磁铁一样的吸引力。然而，将作为第一大国的政治与帝国的政治混为一谈是错误的。美国作为一个大国，与其他小国之间肯定存在不平等的关系，而且这种不平等很有可能会演化为剥削，但是美国对这些国家并不存在真正的政治控制，因此使用“帝国”一词就会产生误导。对“帝国”一词的使用和接纳或许会给美国的外交政策带来灾难性的影响，因为这么做并没有考虑到世界本身业已改变的现实。美国当然不同于 19 世纪和 20 世纪时进行海外扩张的欧洲式帝国，因为后一种帝国主义的核心要素是直接的政治管辖。[24] 一方面，与其他国家相比，美国的确比帝国主义发展鼎盛时期的英国拥有更多的权力资源。但是另一方面，就干涉和控制他国内部事务而言，美国比历史上曾经统治全世界 1/4 人口和土地的英国拥有更少的权力。例如，肯尼亚的学校、税收、法律和选举，更不用说外交关系，一度都是由英国官员掌控的。英国也会利用本土的地方掌权者进行间接统治，例如在乌干达，当年的英国要比今天的美国拥有更多的控制权。

当其他人试图通过提出“非正式的帝国”或“自由贸易的帝国主义”这一类的概念来挽救这个比喻时，他们只是通过与历史上真正的帝国做比较，以模糊两者在控制程度上的重大差异。美国在全球有着广泛的影响力，这么说没有错。但是，我们需要看到在 2003 年，美国无法让墨西哥和智利投票支持联合国安理会有关伊拉克问题的第二次提案。显然，大英帝国在面对肯尼亚或印度时不会遇到这种问题。

新帝国主义的拥护者辩称，我们不可以这么直白地对“帝国”加以理解，它充其量只不过是个比喻。但问题是，这种比喻在暗示一种来自华盛顿的不切实际的控制力，还会强化美国国会和部分政府机构中普遍存在的对单边主义的强烈偏好。在一个多民族主义的世界中，侵占其他国家所要付出的成本已高昂到令人望而却步的程度，而且帝国的合法性也受到广泛挑战。

对权力的定义和理解取决于语境。在不同的领域内，权力的分配差别巨大。在全球化的信息时代，权力在国家之间的分配类似一场复杂的三维国际象棋。处于顶层的是政治军事维度，军事权力的分配基本上是单极化的。处于中层的是经济维度，美国在这一领域既不是霸主也不是帝国。当欧洲统一行动时，美国必须与欧洲平等地讨价还价。处于底层的是跨国关系维度，这一领域的权力分配更是散乱无序，传统上的“单极”“霸权”“美利坚帝国”等术语都不具备实质性意义。因此，那些根据传统的军事力量对美国的力量进行描述的人，在倡导推行具有帝国主义色彩的对外政策时，其实是极度缺乏论证和分析的。如果你是在下一盘三维的象棋，而你只看到某一个维度的现实，忽略了其他的维度以及它们之间的纵深关系，那么你必败无疑。我们都见证了位于棋盘顶层的反恐战争中各个军事行动之间的关系。美国在伊拉克推翻了一个危险的暴君，与此同时，却提升了基地组织在棋盘底层进行跨国成员招募的能力。[25]

鉴于美国在信息革命方面的领先优势和以往对军事力量的投资，它很有可能在 21 世纪依然是世界上最强大的国家。法国人有关军事世界多极化的设想不太可能在短期内实现。

德国外交部长约施卡·菲舍尔早已明确地舍弃了这一目标。[26]然而，并非所有重要的权力类型都来自枪杆子。我们要在棋盘的三个维度上获得我们想要的结果，硬实力当然紧密相关，但很多国际问题，诸如气候变化、传染病、跨国犯罪和恐怖主义，仅靠武力是无法解决的。这些凸显着全球化弊端的问题在本质上就是多边的。解决它们需要各方的协同合作。在处理最底层棋盘上出现的问题，比如国际关系时，软实力的发挥尤为重要。显然，将这样一个世界描述为美利坚帝国，无助于我们在面对外交政策的具体任务时抓住本质。

此外，关于那些敦促我们接受美利坚帝国这一概念的人，他们误解了美国公众舆论和制度的基本特性。即使美国单方面地占领并改造在中东或其他地区存在的非民主政权，以此减少一些跨国恐怖主义的来源，但问题是，美国民众是否会容忍自己的政府扮演一个帝国的角色。马克斯·布特这类新保守主义作家认为，美国理应为陷入困境的国家提供开明启智的行政管理经验，一如曾经身穿马裤、戴着木髓头盔自信满满的英国人所做的那般。然而，正如英国历史学家尼尔·弗格森所指出的，在“一个短暂的历史框架中”，现代美国与19世纪的英国截然不同。[27]虽然弗格森是美利坚帝国的倡导者，但他担忧美国自身的政治制度不可能使其胜任这项历史任务。这一点，无论如何，他都说对了。

美国对中美洲、加勒比海及菲律宾等地曾经进行过内政干预和治理。一个多世纪以前，在美国成为世界强国之后，它曾短暂地接受了帝国主义的诱惑。然而，美国走上真正意义上的帝国之路这一插曲却相当短暂。[28] 对美国人来说，帝国主义从来都不是一个让他们感到舒适的历史体验。历史上，在美国曾经的军事占领中，只有一小部分地方最终引发了民主国家的建立。二战后，德国和日本的民主化进程只是个例外，而且这两个国家为此花费了将近 10 年时间。美利坚帝国没有“帝国过度扩张”的困扰。所谓“过度扩张”，是指对他国的花费在美国国内生产总值的占比过高。在冷战期间，美国的军事预算在国内生产总值中所占的比例比现在要高得多。过度扩张的问题根源在于需要对更多的外围国家进行监管。在这种情况下，美国不仅会招致这些国家的全民抵抗，还会引起美国国内外公众舆论的质疑。民意调查显示，美国人对帝国的兴趣不大。相反，美国的民众一贯表示他们支持多边主义和联合国所扮演的角色。这也许就是迈克尔·伊格纳蒂夫（Michael Ignatieff）将美国在全世界扮演的角色看作“精简版帝国”的原因，他是一位倡导美利坚帝国比喻的加拿大学者。[29]

事实上，美利坚帝国这一提法所遇到的困难更应该被描述为“帝国扩张不足”。现实已经证明，美国民众和国会都不愿意为他国的国家建设和治理进行实打实的投资，这与他们对国家军事力量的态度完全不同。美国对国际事务的全部预算（包括对国际开发署的资金支持）仅占美国联邦政府预算的 1%，而在军费上的支出几乎是这个数字的 19 倍。鲜有迹象表明，在减税和预算赤字的时代，这种情况会有所改变。另外，美国的军队是为战斗而非警察职责所设计的。美国国防部已经缩减了对维和行动的训练。美国的军队更适合一脚踹开别人的大门，痛扁当地的独裁者，随后回家休息，而不适合完成留在当地从事更为艰巨的建立民主政体的帝国工作任务。因此，综合国内外的各种因素，美国都应该避免将“帝国”这一具有误导性的比喻作为制定外交政策的指导方针。帝国的论述不是帮助我们理解和应对 21 世纪全球信息化时代所需要的语境。

美国外交政策的传统

美国有一系列的外交政策传统，它们彼此重叠、强化，有时也互相矛盾、冲突。作家沃尔特·米德使用了以领导人名字命名的方法来识别和梳理这些传统：谨慎追求国家利益和商业利益的现实主义者以亚历山大·汉密尔顿的名字命名，被称为“汉密尔顿主义者”；强调自力更生和习惯性使用胁迫与制约方式的民粹主义者以安德鲁·杰克逊的名字命名，被称为“杰克逊主义者”；“杰斐逊主义者”则主张美国应该做他人寻求民主的闪耀灯塔，而不是（用约翰·昆西·亚当斯的话来说）“到世界各处去寻机除暴”；最后，“威尔逊主义者”

是指那些追随伍德罗·威尔逊的脚步的理想主义者，致力于使民主在全世界范围内都能得到保障。[30]

每一种传统都有其优劣之处。汉密尔顿主义者很谨慎，但他们倡导的现实主义对美国国内外的许多人来说缺乏道德层面的吸引力。杰克逊主义者态度强硬，但缺少盟友和持久性。汉密尔顿主义者和杰克逊主义者都缺乏软实力。杰斐逊主义者拥有充足的软实力，但在硬实力方面表现不足。成为闪耀的“山巅之城”——民主的灯塔，当然极有吸引力，但这不足以实现所有的外交目标。威尔逊主义者也渴望拥有软实力，但他们的理想主义偶尔会导致其陷入不切实际的幻想。他们的危险在于只知道一味地踩油门而刹车功能过弱，因此容易偏离轨道。

汉密尔顿主义者和杰斐逊主义者倾向于谨慎保守、不动摇根基的外交政策，威尔逊主义者却寻求改变国际局势。以中东为例，美国多年来在中东遵循汉密尔顿主义的外交政策，通过对当地独裁者的支持寻求区域稳定。然而，这一做法并没有阻止激进伊斯兰意识形态泛滥和恐怖主义的滋生。威尔逊主义者不想推行保守的维持现状的外交政策，而是想要积极地推动改革。在他们看来，如果没有民主化，中东（和其他一些地区）必然将继续成为流氓国家和恐怖主义威胁滋生的温床。美国布什政府内部关于伊拉克战争的大部分争论，都是在传统的汉密尔顿现实主义者（如国务卿科林·鲍威尔）与杰克逊主义者（如副总统迪克·切尼和国防部部长拉姆斯菲尔德）同威尔逊主义的新保守派（如国防部副部长保罗·沃尔福威茨）组成的联盟之间展开的。对于美国参战的目的，让人感到困惑的操作是，政府针对不同的阵营进行了不同的论述。对寻求报复和威慑的杰克逊主义者来说，将“9·11”恐怖袭击事件与基地组织挂钩就很重要；对国会中的汉密尔顿主义者和传统的威尔逊主义者而言，萨达姆·侯赛因违反联合国决议制造大规模杀伤性武器的行为不可接受；对新威尔逊主义者来说，推翻一个血腥的独裁者和改变中东的政治面貌是重中之重。

近年来，威尔逊主义者又划分为两个阵营。当然，曾经的威尔逊总统是民主党人。他同传统的威尔逊主义者一贯强调促进民主化和国际机构的重要性。然而，威尔逊主义者中的新保守派大多数已经从民主党中分离了出来。他们强调民主的重要性，但基本上舍弃了威尔逊本人对于国际机构的重视；他们并不想受到国际机构的制约，却意图通过美国国内对民主的关注而直接取得对外采取行动的合法性。从这个意义上说，新保守派是软实力的拥护者，然而他们过于注重实际结果，却对程序重视不足，正由于他们忽视了国际机构为其他人提供合法性的重要性，反而对美国的软实力造成了实质性的浪费。

更具讽刺意味的是，要实现新保守派所寻求的改变，唯一途径是与其他人协同合作，以此避免美国作为一个超级大国在采取单方面行动时会遭遇的强烈反对。另外，更重要的是，民主是不可能通过武力强加给别人的，它需要时间才能落地生根，所以能够获得美国民众持久支持的最可能的方式，是发展国际法并与其他国际机构和盟友们一道分担责任。对于国防部部长拉姆斯菲尔德等杰克逊主义者来说，这一点可能无关紧要。他们更乐意在推倒独裁者之后直接回家，并不愿参与当地日后烦琐的国家建设。例如，拉姆斯菲尔德在 2003 年 9 月谈到伊拉克时说："我不认为这个国家的重建是我们的工作。"[31] 对于国防部副部长保罗·沃尔福威茨等严肃认真的新保守派来说，他们对国际机构或其他盟友的不耐烦很可能会不利于其达成目标。尽管他们明白软实力的重要性，但是对软实力所涵盖的全部面向和动态机制并不理解。

软实力与国家政策

软实力源自一国的文化、价值观、国内政策和外交政策。文化的影响力，无论好坏，大都超出政府的控制范围。但是，政府在这方面依然大有可为。美国在全方位提升公共外交方面有很多工作可以做。美国可以大幅提升对外广播以及在网上定向播送的能力。当然，这两项工作的基础是受众能够更好地聆听。纽特·金里奇曾经写道："一项新的美国传播战略的影响和成功与否，理应不断地在各个具体的国家加以检验。

应该有一家独立的公共事务公司至少就世界上最大的 50 个国家对美国信息的接受情况出具每周的评估报告。”[32] 这种方法可以帮助美国选择相应的话题并就短期的反应进行微调。美国应该加大对软实力的投资。美国可以轻松地将公共外交的预算翻番，从白宫开始提高公共外交的形象和发展方向。

与此同时，美国要鼓励和提升民间各种机构的对外交流，让美国丰富多样的非政府机构能够与其他国家进行互动。克林顿政府及国会在 1993 年之后将文化外交与文化交流的预算和人员削减了近 30%，这是一个巨大的错误。[33] 如今，美国在签证政策上的限制也是一个错误。事实上，最有效的交流和沟通并不是通过远程广播，而是通过人与人面对面地接触完成的，一如爱德华·默罗所说的“最后三英尺”。交流对我们赢得冷战的胜利至关重要。最好的沟通者绝不是政府，而是来自美国和其他国家的平民代理人。

在这个领域，美国需要具备更多的创造性。美国采取的方式可以多种多样，例如改善教育交流签证的流程，鼓励更多美国学生出国留学，重新思考美国和平部队所扮演的角色，启动鼓励外国人在美国的学校教授母语的项目，或是建立有助于利用民间和非营利性机构的资源进行公共外交的公司，等等。正如迈克尔·霍尔茨曼对中东的观察，我们的公共外交必须意识到，一些国家或地区的民众对政府信息所持有的怀疑态度远比我们预想中的要严重。“要想在所谓的阿拉伯的街头赢得信任，我们的公共外交必须主要围绕着日常的生活领域展开。华盛顿政府理应花钱资助美国的医生、教师、商人、宗教领袖、运动团队和艺人走出国门，为中东人民提供他们渴慕得到的服务。”[34]

尽管在美国国内存在着诸多社会和政治问题，但其中很多问题是后现代社会所共有的。因此，招人反感的比较并不会严重地削弱美国的软实力。另外，美国社会的开放性、公民自由及社会民主依然对其他一些国家具有吸引力。只有当美国自己达不到设定的标准时，美国的软实力才会出现问题。当美国在反恐斗争中试图在自由与安全之间找到平衡时，请记得其他人也在关注着美国的一举一动。针对人权组织提出的虐待嫌疑人的指控，布什政府的回应是，明确拒绝使用任何构成宪法所禁止的“酷刑”手段来审问嫌犯，这种做法是值得称赞的。[35]

美国的一些国内政策，诸如死刑和缺乏枪支管控，降低了美国对其他一些国家的吸引力，但这些由价值观带来的差异可能会持续存在一段时间。其他一些政策，诸如拒绝限制使用高油耗的汽车，的确会损伤美国的声誉，因为它们展示出美国的为所欲为——不顾自身行为对全球气候变化及其他国家的影响。同样地，美国在通过发放国家农业补贴保护富裕农民利益的同时，却向其他贫穷国家宣扬自由市场的美德，这在他人眼中也是极其虚伪的。在一个民主国家里，如果把国内政治比喻成一条狗，那么外交政策就是狗尾巴，后者不可能撼动前者。但是，如果美国忽略国内外政策彼此间的联结，美国的“虚伪”就会对自身的软实力造成难以估量的损伤。

美国政府可以通过调整其外交政策的风格和内容，在短期内尽最大的努力挽回美国近期丢失的软实力。显然，在某些时期，美国的外交政策必须服务于美国的根本利益，不能也不应该做出改变。但是，美国可以在不放弃基本利益的前提下适当调整战术。外交风格应该是最容易进行改变的部分。在某种意义上，政府可以重拾小布什在2000年竞选中表达的智慧：保持低调谦逊，警惕傲慢。美国没有必要让盟友感到尴尬，也没必要让国防部部长和国务卿一个唱“白脸”一个唱“红脸”。正如一位专栏作家在英国《金融时报》上发表的文章所言：“我对唐纳德·拉姆斯菲尔德情有独钟。但作为在全世界备受推崇的美国价值观的推广大使，再没有比他更糟糕的人选了。”[36] 2003年，英国首相托尼·布莱尔在美国国会上的讲话也一语中的。他说，美国现在面临的真正挑战是要向其他国家“表明我们之间是一种彼此说服而非发号施令的伙伴关系”[37]。

就外交政策的内容而言，布什政府在联合国发起的旨在确保美国会对非洲和世界其他贫穷人口予以长期支持的“千禧年挑战协议”值得肯定。该协议承诺对有意进行改革的国家增加援助，并对其在抗击艾滋病和其他传染病方面所做的努力提供更多支持。成功地执行这些援助计划，将是对美国软实力的重大投资。认真地推动中东和平进程也必将带来同样的效果。一如美国国家安全顾问康多莉扎·赖斯所言："美国是一个必须致力于践行其价值观并为全世界各地的人民创造更美好的生活的国家……为了这些目的，我们不只可以抽出利剑，更可以抛出橄榄枝。"[38]

说到利剑，美国在反恐斗争和维护稳定的努力中，将时不时地需要它。保持硬实力对美国的安全至关重要。但是，单纯地舞枪弄剑是不会成功的。美国的遏制策略之所以在冷战中成绩显著，不仅仅是因为军事威慑，更是因为美国依据乔治·凯南的政策设计，在苏联内部成功地运用了美国的软实力，由内而外地对其进行瓦解。遏制并非一种静态的军事威胁，而是一种促进对方内部转型的策略，尽管这种转型可能需要数十年才能完成。事实上，凯南经常警告说，大家要避免对遏制策略过度军事化地解读，相反，它鼓励更多的接触和交流。美国在保持耐心以及对软实力和硬实力加以灵活运用方面所取得的经验，使美国在今天立于不败之地。

即使美国需要运用硬实力，也需要通过建立广泛的联盟来降低美国在软实力方面可能会付出的成本。老布什在第一次海湾战争前夕，为了建立起与他国的合作而付出了耐心，进行了艰苦的工作，这理应成为美国日后工作的榜样。那些将“老欧洲”说成是被爱神维纳斯蒙蔽双眼而坚决反对使用武力的人应该记住，当时有75%的法国民众和63%的德国民众在海湾战争爆发前都支持使用武力解放科威特。[39] 无独有偶，在1999年的科索沃战争中，法国和德国在没有联合国安理会正式决议的情况下，也积极支持北约对塞尔维亚动武。在这两次行动中，美国的政策在法国和德国民众的眼中都具有合法性。这说明美国当时的软实力具有吸引盟友的力量。

联合国并不是行动合法性的唯一来源。因为科索沃行动得到了联合国安理会绝大多数成员的实质性支持，所以它被认为具备了合法性（尽管按正式的程序并不合法）。联合国是一个缺乏灵活性的机构。安理会成员国的一票否决权使得联合国在历史上仅有两次联合军事行动的正式授权：一次在朝鲜半岛，一次在科威特。联合国从一开始就被设计成为大国之间的协调会。一旦大国之间意见存在分歧，联合国就起不到真正的作用。否决权就犹如房屋电气系统中的保险丝盒。保险丝熔断，电灯熄灭，也好过整栋房屋被烧毁。此外，正如科菲·安南在科索沃战争后所指出的，联合国被夹在对国家主权的传统严格释义与新兴的国际人道主义和人权法则之间，后者约束着各国领导人的执政方式。此外，基于共识政治制定的《联合国宪章》几乎没有修改的可能。尽管联合国存在着这样或那样的缺陷，它依然在各国同意的基础上扮演着积极有效的人道主义和维护和平的角色，也依然是世界政治中最重要的合法性来源。

新单边主义者对后一点尤为恼火。他们指出，许多拥有投票权和主持安理会的国家本身就不是民主国家。于是，他们提议用一个由民主国家构成的新组织来代替联合国。然而，他们的这一方案却忽略了一个事实，即在伊拉克问题上，主要的分歧存在于民主国家之间。与其单方面徒劳地无视联合国的存在，或者一心想要改变它的架构，美国更应该改善与其他大国之间基本的双边关系，从现实主义的角度出发，合理利用联合国的力量来实现美国的新策略。除了联合国发布的发展与人道主义议程，联合国安理会也可以在朝鲜相关问题上发挥作用；联合国反恐怖主义中心可以帮助各国改进反恐合作程序；联合国维和部队也可以帮助美国摆脱形单影只的“世界警察”角色。通过努力，美国可以从各种现实的角度使联合国为其助力。而任由单边主义者对联合国发起攻击只会削弱美国的软实力。

***

美国人仍在努力地走出“9 · 11”恐怖袭击事件的阴影。科技和全球化共同为美国人营造了一个陌生的新局面，美国人仍在其中不断摸索，寻找出路。美国经历的那个痛苦时刻将其阴暗面彻底暴露。布什政府很快就正确识别出美国面临的新挑战，进而相应地调整了国家战略。然而，美国政府同美国民众、美国国会一样，对于如何具体地实施新战略而互相扯皮、意见不一。最终的结果喜忧参半。美国在硬实力方面取得了显著的成功：在这方面投入多、培训多，并对自己正在做的事情有着清晰的认识。可是，美国在软实力方面的成绩却令人不满意：公共外交明显不足，忽视了盟友和国际机构而给人一种师出无名、缺乏合法性的感觉，由此也损耗了软实力。

然而，具有讽刺意味的是，美国是走在信息革命前沿的国家，也是建立现代世界中一些最持久的联盟和机构的国家。美国理应知道如何依据自身的实力与全世界超过一半的国家进行互动，充满活力的美国社会和文化已经为美国与其他社会创造了无数的连接点。更重要的是，在冷战期间，美国已经证明了自己知道如何充分利用源自美国社会内部的软实力资源。

现在，是时候让美国以一种全新的方式将美国的传统加以利用和整合了。美国需要更多的杰斐逊主义者，更少的杰克逊主义者。从长远视角看，美国的威尔逊主义者坚持对世界政治进行民主转型的判断是正确的，但他们需要记得国际机构和盟友的重要性。他们也需要一些汉密尔顿现实主义精神，以增加对事物发展的耐心。简而言之，美国的成功取决于美国对自身软实力所发挥的角色能否有足够深入的认识，以及美国在对外政策中能否做到硬实力与软实力的充分平衡。唯有如此，美国才会拥有巧实力，而美国曾经取得的成功也必将再次上演。

巧实力：融合硬实力与软实力[①]

向“巧实力”转变需要实时调整硬实力与软实力之间的平衡关系。不断变化的地缘政治和经济形势需要我们对运用何种实力工具以及如何运用它们做出定期评估，尤其是在当今这样一个瞬息万变的信息时代。

美国前国务卿希拉里在听证会上说：“美国无法独自解决那些最为棘手的问题，但没有美国的参与世界也将束手无策……我们必须使用被称为‘巧实力’的力量，全方位地运用

① 初发表于《外交事务》2009 年 7—8 月刊。Joseph S. Nye Jr., “Get Smart: Combining Hard and Soft Power,” *Foreign Affairs*, July/August 2009, https://www.foreignaffairs.com/articles/2009-07-01/get-smart.

起我们手头的所有工具。”自此，各大社论版面和博客都在讨论“巧实力”。那么问题来了，什么是“巧实力”呢？

“巧实力”是我在2003年提出的一个术语，旨在反驳仅靠软实力就能产生有效外交政策的论点。权力是指一方通过影响他人的行为以获取自己想要的东西的能力。大体而言，有三种方式可以做到这一点：胁迫、收买和吸引。硬实力凭借的是胁迫和收买的方式，软实力则是通过自身的吸引力以获得预期结果。如果一个国家可以做到让其他国家遵循它设定的议程或者可以塑造其他国家的喜好，那么它就能大幅减少“胡萝卜”和“大棒”的使用。但“胡萝卜”和“大棒”很少能够完全被取代。因此，我们有必要制定出可以软硬兼施的“巧妙”战略。

莱斯利·盖尔布在新书《权力的规则：常识如何拯救美国的外交政策》（*Power Rules: How Common Sense Can Rescue American Foreign Policy*）中指出：“如今，软实力似乎意味着一切。”［盖尔布最近发表在《外交杂志》2009年5—6月刊的文章《需求、选择与常识》（“Necessity, Choice, and Common Sense”）就摘自此书。］这一观点值得玩味，因为经济和军事资源都可以对其他国家产生影响。盖尔布在根本上混淆了一个国家为了实现预期结果所采取的行动与生成这样的结果所采用的资源。有时，军事和经济资源既可以用于吸引也可以用于胁迫，譬如我们可以回看在2004年印度尼西亚海啸发生后美国军队的救援工作。它让印度尼西亚这个国家的普通民众对美国的态度发生了积极的转变。这就意味着许多不同类型的资源都可以用来促进软实力，而不是说“软实力”这个词可以指代任何类型的行为。

盖尔布在新书中对权力的定义也过于狭隘。他说权力是指“让人们或团体做他们不想做的事”。他完全忽略了权力的其他面向。长期以来，有大量的论证说明权力可以用来说服他人去做实际上也符合其自身利益的事情。正如美国前总统艾森豪威尔所说，所谓领导力就是让他人去做某事，“不光是因为你告诉了他们要这样做，强制他们执行你的命令，而是他们本能地想要为你做这件事”。有时，情况的确如此；有时，情况并非如此。但是，这的确是权力的一个面向。因此，即便当软实力严重不足时，它也能够为政策的推行创造一个有利的或不利的氛围。

构成一个国家软实力的三要素是：文化（适用于对该国有好感的国家）、政治价值观（前提是它们对他人具有吸引力且被始终如一地贯彻于实践）、政策（前提是它们具有包容性和合法性）。在过去 10 年当中，民意调查显示，美国在欧洲、拉丁美洲和伊斯兰世界中的受欢迎度严重下降，其中在伊斯兰世界中的下降幅度尤为剧烈。受访者大都认为是美国推行的政策，而非它的文化和价值观，造成了这种下降。由于改变一个国家的政策总比改变它的文化来得容易，时任美国总统奥巴马应该着眼于选择有助于美国恢复部分软实力的相关政策。

当然，软实力并不能解决所有的问题。朝鲜前领导者金正日喜欢看好莱坞电影的事实并不会影响他设定的核武器计划。在20世纪90年代，仅靠软实力，美国是不可能使塔利班政府与基地组织决裂的；直到2001年，美国借助强大的军事力量才切断了它们之间的联系。但是，面对一些更为宏大的目标，诸如促进民主、保护人权和发展公民社会，武力并不是最好的解决办法。

情境智力

2007年，美国前副国务卿理查德·阿米蒂奇和我在“战略与国际研究中心”共同主持一个旨在推广“巧实力”这一概念的两党委员会。大家商讨得出结论：美国的五角大楼是美国政府当中最为训练有素且资源丰富的部门，但仅仅凭借硬实力本身是相当受限的。如果我们为了达到目的只是一味地寻求五角大楼的帮忙，那么必然会导致过度军事化的外交政策。盖尔布在《权力的规则》一书中批评我们想要将硬实力与软实力相结合的想法是一种“机械地生拉硬拽，而非真正意义上的彼此融合”。事实上，我们从来都没有针对“巧实力”提出过任何可以生搬硬套的机械公式。要弄清楚究竟应当如何将硬实力与软实力的资源进行整合并进而生成“巧实力”战略，就需要我在《巧实力》一书中所说的“情境智力”。

就外交政策而言，情境智力就是一种直观诊断的能力，它会帮助决策者将具体的策略与明确的目标结合进而生成巧妙的战略。在美国近代总统中，里根和老布什就具备令人印象深刻的情境智力，可惜小布什没有。

一些专家和权威经常性地对美国的实力产生误解。就在20年前，人们普遍接受的观点是美国正在衰落，正在遭受所谓帝国式过度扩张带来的影响。当时的国际关系理论深受唯物主义偏见的影响，对权力这一概念进行了以偏概全的解读，完全忽略了通过吸引力影响行为的各种因素。正是在这种情况下，我才在1990年提出了“软实力”的概念，以图有所纠正。

10年后，随着冷战竞赛的结束，人们普遍认为现在的世界是单极的，以美国的霸权为主要特征。一些新保守派的专家学者认为美国已强大到足以决定它的所思所想才是正确的，其他国家只能遵从。这种新单边主义的论调早在令人震惊的“9·11”恐怖袭击事件发生之前就已经严重影响了布什政府，促使布什政府采取防御性战争和强制民主化的对外政策。

想要具备情境智力，就需要对美国实力的优势和缺陷都有所了解。美国是唯一的超级大国，但它的优势地位又不足以成就帝国或霸权。美国只能影响而非控制世界的其他地方。今天的世界政治犹如一盘三维的国际象棋：位于顶层的是国家间军事力量，呈单极分布；位于中间层的是经济关系，过去十多年来，世界经济一直都是多极化的；位于底层的是国际关系（涉及气候变化、非法毒品交易、流行病和恐怖主义等议题），这里的权力结构呈现出混乱分散的特点，甚至有一些权力落入了非国家行为体的手中。

面对新威胁，军事力量仅仅是我们可以采取回应举措的一小部分。这些问题的解决更需要政府与国际机构之间的协同合作。即使是在顶层的棋盘上（美国的军费占全世界总体国防开支的近一半），美国在海、陆、空以及太空领域都处于绝对优势地位，但是它对占领区各民族实质性的掌控权并没有那么大。

我们需要具备情境智力以产生硬实力和软实力两相结合的综合战略。许多官方使用的软实力工具，诸如公共外交、对外广播、项目交流、发展援助、赈灾救灾、军队接触等，均分散在美国政府的各个部门。时至今日，美国也没有一个总体的政策试图将它们同硬实力进行统一整合，进而生成一个全面性的国家安全战略。美国在军事上的花费大约是对外广播和交流项目花费的500倍。这个比例真的合适吗？美国政府究竟应该如何与公民社会中国家软实力的来源——从好莱坞到比尔及梅琳达·盖茨基金会等联系起来呢？

在信息时代取胜

美国的冷战战略尽管多有瑕疵和错误，但它的确巧妙地结合了美国的硬实力和软实力。美国的军队阻止了苏联的侵略，而美国的思想也削弱了铁幕背后的共产主义信仰。柏林墙最终被推倒，不是因为有人使用了炮火，而是人们用锤子和推土机亲手摧毁的。

在今天这样一个信息时代，成功不仅仅取决于谁的军队能胜，也取决于谁讲的故事更吸引人。美国目前与恐怖主义的争斗与其说是文明的冲突，还不如说是伊斯兰世界内部意识形态的斗争。除非穆斯林的主流力量获胜，否则美国不可能取胜。像本·拉登这样的人几乎不可能被软实力征服，因此面对这种情况，美国需要硬实力。在伊斯兰世界内部存在巨大的意见分歧。许多穆斯林并不赞同美国的价值观和美国的政策，但这并不意味着他们必然认可本·拉登的看法。如果极端分子新招募的人数远超出我们消灭或阻止的极端分子人数，那么美国及其盟友是不可能战胜恐怖主义的。我们需要软实力来减少极端分子的人数，并赢得主流群体的心。

美国可以再次对全球的公共产品进行投资，为全世界各地的人民和政府提供他们想要却无法依靠其自身力量得到的东西，由此成为一个拥有“巧实力”的大国。从实现经济发展、保障公共卫生安全、应对全球气候变化，到维护开放、稳定的国际经济体系，这当中的每一项都需要美国的领导。通过加大对软实力的投资来补充其军事和经济实力，美国必然会重建所需的框架以应对严峻的全球挑战。这才是真正意义上的巧实力。

拜登领导下的美国是否值得信赖？[1]

美国在朋友和盟友中的形象下滑，导致不被信任。这也许是美国软实力所面临的最大挑战之一。拜登政府将不得不尽其所能地在国内外全力修复这种信誉损伤。然而，在这个过程中，美国面临的最大的挑战并非朋友和盟友对拜登及美国政府是否信任，而是他们对美国的民主进程和人民是否信任。

美国的朋友和盟友开始不再信任美国。信任与真相密切相关。然而众所周知，特朗普总统一贯对真相漫不经心。所

① 初发表于世界报业辛迪加网站（2020 年 12 月 4 日）。Joseph S. Nye Jr., "Can Joe Biden's America Be Trusted?" Project Syndicate, December 4, 2020, https://www.project-syndicate.org/commentary/can-joe-biden-restore-trust-in-america-by-joseph-s-nye-2020-12?barrier=accesspay.

有的美国总统都撒过谎，但迄今为止，还没有哪一位总统像特朗普这样让美国的信誉下降到如此程度。国际民意调查显示，美国的吸引力在特朗普执政期间急剧降低。

那么，竞选获胜的拜登能够力挽狂澜、修复美国的信誉吗？在短期之内，答案是肯定的。执政风格和政策的改变将会提升美国在大多数国家心中的位置。特朗普是美国总统中的一个异类。出任总统就是特朗普在美国政府的第一份工作。他此前的职业生涯都是在纽约市房地产市场和真人秀这种我赢你输的零和世界中度过的。在那样一个世界里，大胆的出格言论将会吸引媒体的注意力，从而帮助你掌控局面。

相比之下，拜登是一位久经考验的政治人物。他在外交政策方面具备长期的工作经验，曾在美国参议院任职数十年，担任过8年副总统。自参加选举以来，他最初的声明和任命都对美国的盟友产生了深远的影响。

美国与盟友之间的问题并不在于特朗普总统提出了“美国优先”的口号。正如我在《美国总统及其外交政策》一书中所论证的，总统被赋予了促进国家利益的职责。所以，这当中涉及一个最重要的道德问题，那就是总统如何定义国家利益。

特朗普总统选择的是狭隘的交易型定义。根据他的前国家安全顾问约翰·博尔顿的说法，特朗普总统有时候会将美国的国家利益与他个人的政治、经济利益混淆。相比之下，自杜鲁门总统以来，许多美国总统往往以更宏大的国家利益为重，并不会将之与个人利益混为一谈。杜鲁门总统看到帮助他人符合美国的国家利益，他甚至放弃将旨在帮助欧洲进行战后重建的“马歇尔计划”归功于己。

特朗普总统则完全相反。他蔑视与他国的联盟关系和多边主义。这一点在他出席七国集团峰会或北约会议时表现得一览无余。即使特朗普总统在应对中美贸易摩擦时，他也未能协调好策略，反而对美国的盟友征收关税。难怪盟友中很多人想知道美国针对中国科技公司华为的制裁究竟是出于商业利益还是国家安全考量。

同时，特朗普领导的美国政府退出了《巴黎协定》和世界卫生组织。这让人们对美国在应对诸如气候变暖和大流行病等跨国性全球威胁时所做出的承诺产生了不信任。目前，拜登政府计划重新加入二者，外加上对北约盟国的承诺，这些都将对提升美国软实力产生及时的有益影响。

但是，拜登总统仍然面对着一个深层次的信任问题。美国的许多盟友都在问：美国的民主究竟怎么了？一个在 2016 年选举出特朗普这般奇怪的政治领导人的国家，如何能保证不在 2024 年或 2028 年选出另一个类似人物呢？美国的民主正在衰落吗？这个国家还值得信任吗？

对美国政府和其他机构的信任度下降助力了特朗普的上台，但信任度下降的肇因并非始自特朗普。过去半个世纪以来，对政府信任度的持续走低一直是美国社会的弊病。二战胜利后，3/4 的美国人表示他们对政府高度信任。这一比例随着 20 世纪 60 年代的越南战争和 20 世纪 70 年代的“水门事件”而降低至大约 1/4。幸运的是，公民在合法纳税等方面的表现通常比他们在民意调查中的答案要好得多。

或许，最能体现美国民主文化的潜在力量及其韧性的就是 2020 年的大选。虽然发生了一个世纪以来最严重的疫情，虽然人们根据混乱的投票工作做出了可怕的预测，但 2020 年美国大选的投票人数是创纪录的，而且统计和管理选举票数的数千名地方官员——无论他们是共和党人、民主党人，还是独立人士——都诚实地履行了被视为公民义务的职责。

在特朗普以微弱差距落败的佐治亚州，来自共和党的州务卿负责监督选举，他无视特朗普及其他共和党人毫无依据的批评，宣告：“我相信数字不会说谎。”特朗普提起的指控选举存在大规模徇私舞弊行为的诉讼，皆因缺乏任何证据支持而被法院（其中包括被特朗普任命的法官们）一一驳回。密歇根州和宾夕法尼亚州的共和党人抵制了特朗普试图让州立法者推翻选举结果的努力。同左派对选举厄运的预测和右派对选举欺诈的预测相反，美国的民主展现出了它的内在力量和深厚根基。

但是，包括拜登总统在内的美国人仍然需要面对盟友的担忧：是否可以信任美国不会在 2024 年或 2028 年选举出另外一个特朗普？他们也留意到美国政坛的两极分化。特朗普拒绝接受选举失败的结果，国会内的共和党领导人却拒绝谴责他的这一行为，甚至不愿大大方方地承认拜登胜选。

特朗普利用他的狂热支持者们来试图控制整个共和党，威胁称要对不站队的党内温和派发起挑战。记者报道说，虽然参议院内有一半的共和党人都对特朗普感到不屑，但仍然对他的威胁感到害怕。如果特朗普在离开白宫之后仍然对共和党拥有操控权，那么拜登总统与一个由共和党控制的参议院一起工作真可谓任务艰巨。

对美国的盟友来说，幸运的是，尽管拜登总统的政治技能将接受考验，但美国宪法赋予了总统在外交政策上比在国内政策上更大的回旋余地。因此，在短期内改善双边合作是切实可行的。另外，与 2016 年特朗普的当选不一样的是，由美国智库芝加哥全球事务委员会发布的最新民意调查数据显示：70% 的美国人希望国家制定外向合作型外交政策。这个比例创了新高。

然而，盟友们提出的是否可以信任美国未来不会诞生另一个特朗普的疑问，依然悬而未决。这一问题的答案将取决于美国对新冠疫情的控制、经济恢复的努力和拜登总统处理国内政治极化的政治管理能力。

自由国际秩序之后[①]

拜登的当选让全世界都松了一口气。然而，他需要面对的问题是如何处理实际上已经失效的自由国际秩序。他肩上的重担不仅是要与美国的核心盟友一起促进民主政治与人权，更要与一众国家合作，在基于规则的国际组织框架内应对各种跨国威胁。

许多分析人士指出，随着中国的崛起和特朗普的当选，曾经的自由国际秩序已经走向了终结。但是，如果拜登在今年 11 月的大选中获胜，那么他是否会让这一秩序再次复活，

① 初发表于世界报业辛迪加网站（2020 年 7 月 6 日）。Joseph S. Nye Jr., "After the Liberal International Order," Project Syndicate, July 6, 2020, https://www.project-syndicate.org/commentary/biden-must-replace-liberal-international-order-by-joseph-s-nye-2020-07.

还是说他有可能需要另起炉灶？

美国的批评者们非常正确地指出，美国在1945年之后设置的国际秩序既不具有全球性也不自由。它至少将全世界超过一半的国家（苏联阵营、中国）都排除在外，并且包含了一些威权国家。美国的霸权总是被夸大。不过，作为世界上最强大的国家，美国必须带头创造全球公共产品。否则，一旦全球公共产品缺失，受苦的还是美国人。

当前的新冠疫情就是一个例子。对拜登政府来说，最现实的目标应该是针对不同的问题建立由不同成员组成的基于规则的国际机构。

中国和俄罗斯会同意参加吗？在20世纪90年代和21世纪前10年，这两者中的任何一方都没有制衡美国的力量，美国在追求自由主义价值观的过程中是凌驾于主权之上的。美国在没有得到联合国安理会授权的情况下，轰炸了塞尔维亚，入侵了伊拉克。2005年，美国还在联合国大会上支持通过了一项决议，旨在确立“公民保护的国际责任”，即保护那些被本国政府残酷对待的公民的责任。正是依据这项决议，美国在2011年以保护班加西民众的名义轰炸了利比亚。

批评者将这一举动归为冷战后美国的狂妄自大。当北约牵头对利比亚局势的干预最终演化为政权更替时，俄罗斯和中国都感觉自己上当受骗了。而美国的捍卫者将这一改变描述为国际人道主义推动的自然演变。无论如何，中国和俄罗斯的实力增长为这种自由干涉主义设定了更为严格的限制。

那剩下的还有什么呢?中国和俄罗斯一直强调《联合国宪章》中明确列出尊重各个国家主权的基本原则。根据这一原则，一个国家只能在出于自卫或在联合国安理会的授权下才能开战。自 1945 年以来，一国以武力侵占另一国领土的情况少之又少，即使发生，出战国也都会遭到严厉的制裁（例如俄罗斯在 2014 年出兵克里米亚）。另外，联合国安理会通常会授权在政治动荡的国家或地区部署联合国维和部队。政治合作极大地限制了大规模杀伤性武器和弹道导弹的扩散。在这个层面上，一个基于规则的国际秩序依然是至关重要的。

至于经济关系，规则将需要修正。协商制定新的贸易规则将有助于防止脱钩升级。与此同时，虽然目前存在危机，但双方在关键金融领域的合作依然强劲。

相比之下，生态上的相互依存对国家主权构成了难以逾越的障碍，因为这些威胁是跨越国界的。虽然经济全球化遇到了各种各样的阻碍，但关于环境问题的全球化合作将持续深入，因为它遵循的是生物和物理法则而非当代地缘政治的逻辑。生态议题危及每一个人，没有任何一个国家能够独自应对。在面对新冠病毒和气候变化的问题上，权力展现了它积极正面的维度。

在这种情况下，仅仅考虑对他人行使权力是不够的。我们还需要考虑如何与他人一起行使权力。《巴黎协定》和世界卫生组织惠及包括我们在内的所有人。自从1972年尼克松总统同中国领导人毛泽东会面以来，中美将意识形态的问题搁置一边而展开了各项合作。对拜登总统来说，他面临的难题是中美能否在继续合作生产全球公共产品的同时，在传统领域内展开大国竞争。

网络空间是一个重要的新问题。它是无国界的，但又由主权国家管控。如今的互联网已经部分碎片化了。互联网领域有关言论自由和保护隐私的准则在民主国家内部依然行之有效，但在一些威权国家中并不被遵守。

正如全球网络空间稳定委员会所建议的那样，禁止篡改互联网基本结构的一些规则也完全符合威权主义者的利益，因为他们也需要网络的连通性。当他们使用代理服务器进行信息战或干预别国选举（这严重地侵犯了他国的国家主权）时，必须严格遵守一些规范，就好比美苏在冷战时期（尽管意识形态完全对立）设定规则以控制海上事件的升级。美国和志同道合的国家一道需要正告他们旨在维护的规范。在这个基础上，威慑也是必要的。

在网络空间坚持自由主义价值观并不意味着美国需要单方面地废除武力。相反，美国应该区分用于公开说服的软实力与秘密开展信息战的硬实力，同时要明确在什么情况下必须报复。

民意调查显示，美国的民众希望避免直接的军事干预，但他们并不想退出联盟机制或多边合作。民众也依然关心价值观的问题。

拜登当选后，他所要面对的问题并非是否重建自由国际秩序，而是美国是否要和其核心盟友一起促进民主政治与人权，是否要与一众国家在基于规则的国际组织框架内应对各种跨国性威胁，譬如气候变化、大流行病、网络攻击、恐怖主义和经济动荡。

第三部分

中国软实力的上升

自改革开放以来，中国在几乎所有可能的方面都发生了巨大变化。快速的经济增长将其推向了世界舞台中央，而中国不得不面对这一现实。中国相对弱势的军事地位和对“和平崛起”的强调，使得“软实力”成为一个颇具吸引力的选项，中国通过孔子学院和“一带一路”倡议等项目充分调动其文化和经济资源发挥软实力。这些举措在发展中国家取得了进展，然而，中国在国内和国际事务上的立场已经与西方乃至邻国产生了根本性的分歧。中国如何才能学会更“巧妙”地使用软实力呢？

中国崛起，他国就必须俯首？[①]

在20世纪末，我对这个问题的回应是大声说“不”。时任美国总统克林顿访华时，主要议程是经济增长而非军事影响力。当时的观点认为，伴随着中国崛起，美国仍然可以保持其在亚洲的影响力。时代在变，我们有必要回顾中国发展的不同时期，并反思美国在这些不同阶段对中国采取的立场。

自从修昔底德对伯罗奔尼撒战争做出解读以来，历史学家们就知道，新兴势力的崛起一直伴随着不确定性和焦虑。

---

① 初发表于《经济学人》1998年6月25日刊。Joseph S. Nye Jr., “As China Rises, Must Others Bow?” *The Economist*, June 25, 1998, https://www.economist.com/by-invitation/1998/06/25/as-china-rises-must-others-bow.

通常情况下，暴力冲突会随之发生，但并不总是这样。中国是世界上人口最多的国家，它在经济和军事上的崛起，将成为21世纪初亚洲和美国外交政策的一个核心问题。在解释民主的雅典为何决定背弃条约从而导致战争时，修昔底德指出，这是人们认为冲突不可避免的预期使然。他写道："人们普遍认为，无论如何，伯罗奔尼撒的战争都注定会发生。"同样，认为与中国的冲突不可避免，会产生相似的自我实现效应。

修昔底德将战争的真正原因归结为雅典力量的崛起以及由此引发的斯巴达的恐惧。这些天来，但凡在华盛顿稍作停留，便能体会到美国人对中国的焦虑。克林顿总统的访华之举饱受批评。最近两周内，众议院在中国问题上三次以大比数斥责政府的态度。在某种程度上，这反映了选举年的党派争执。共和党人将民主党在筹款上的草率以及允许中国发射美国商业卫星所涉及的技术转让问题作为竞选话题。（无论允许中国发射美国商业卫星这一做法是否明智，这项政策其实都源于共和党政府。）

然而，决定对华政策的美国国内政治比这些问题更加复杂。许多民主党人也投票谴责了总统的访华之举。对华政策的分歧并非自由派和保守派之间的分歧。正如美国众议院议长纽特·金里奇所言，"我的一些朋友在做对手的生意，想给自己树立新的敌人"。此外，美国的宗教权利派反对宗教迫害和强制堕胎，自由派反对侵犯人权和剥削工人。在对华政策上，美国政治圈形成了一个左派和右派联合反对中间派的奇怪联盟。自尼克松政府以来，美国政府对华政策的主线基调一直未变。在冷战时期，这一政策被广泛认可，但在1989年之后受到批评。

讽刺的是，在1992年的竞选中，克林顿从左派的立场出发抨击了老布什的对华政策，但甫一上任就转向了中间派。现在，克林顿总统受到了同样的抨击，他只能从老布什那里为自己的访华之旅寻求支持。在最近一次演讲中，克林顿总统为自己的访华之旅辩护："为了防止中国成为美国的下一个强劲敌手，部分民众认为我们应该试图孤立和遏制中国……选择孤立和放弃接触中国并不会让世界更加安全，反而会让世界愈加危险。"与批评人士所言相反，克林顿总统的理由强调的是长期战略，而非短期的商业考量。

中国的实力究竟如何？当然，"中国崛起"这一表述并不恰当，"复兴"会更准确。从疆域和历史来看，中国长期以来一直是亚太地区的一个大国。从技术和经济实力来看，在公元500—1500年，中国一直处于世界领先地位，尽管没能形成全球影响力。只是在过去500年里，中国才被欧洲和美国超越。中国的落后部分是由内部问题导致的，但这也反映了影响整个世界的更广泛的全球变化。日本是适应这些全球经济力量变化的亚洲领跑者，它的早期成功加重了中国在

1895—1945 年的衰落。

1979 年之前，中国大陆还没有加入东亚转型的浪潮。1978 年，中国大陆的人均贫困程度超过 1960 年的韩国。自那时起，中国的历史一直由经济主导，年均 8%~9% 的增长率使中国的国民生产总值在不到 20 年的时间里增长了两倍。以更可持续的 6% 的人均收入增长率来计算，中国的人均收入将在 30 年内达到 1 万美元，届时中国的经济总量将达到约 16 万亿美元，相当于目前美国的两倍。亚洲开发银行预计，到 2025 年，中国的人均收入将达到美国的 38% 左右，与韩国 1990 年的水平大致相当。

客观地看问题

线性预测是有待商榷的，因为短期内中国面临着国有企业、银行体系风险和货币价值等问题。对于中国的长期前景，亚洲开发银行提出了两种假设（前提是没有出现重大政治动荡）：乐观的情况下，预计未来 10 年中国的人均收入增长率为 7%~8%，随着抚养比的上升和储蓄率的下降，到 21 世纪 20 年代人均收入增长率将降至 5%~6%；悲观的情况下，中国将无法进行必要的改革，受制于发展瓶颈和日益加剧的收入不平等，人均收入增长率将放缓至 4%~5%。即使能够保持较高的增长率，中国在人均收入方面也将落后于经合组织国家。

中国日益增长的经济实力会带来同等的军事实力吗？答案颇具争议，因为中国没有披露所有与国防有关的开支。官方公布的军费预算不包括60万人民武装警察、核武器采购、一些与国防相关的研发和军人的养老金等开支。在最近出版的《即将到来的中美冲突》（*The Coming Conflict with China*）一书中，理查德·伯恩斯坦（Richard Bernstein）和罗斯·芒罗（Ross Munro）认为，中国1996年的官方军费预算为698亿元人民币，约合87亿美元。最保守的西方分析人士会将这一数字乘以3，即261亿美元。日本的国防预算约为500亿美元，中国的数字已接近日本的一半。如果将官方军费预算乘以10，中国每年的实际国防开支将达到大约870亿美元，几乎是美国国防开支的1/3。更何况，中国1996年的军费预算比1995年增加了11.3%。

其他分析人士则没有伯恩斯坦和芒罗那么危言耸听。夏威夷的东西方中心（The East-West Centre）认为，中国的军事现代化建设仍远远不能满足其国防需求。中国的军费开支一直很低，尤其是考虑到其国家和军队的规模……中国的低军费开支反映了一种明确的政策选择——军事现代化要服从和支持国家经济重建。

20世纪80年代，中国军费开支稳步下降。90年代，中国开始适度增加军费开支，部分原因是海湾战争的教训。中国增加的开支大部分用于工资和基础设施，而非武器系统。

系统问题

那些希望渲染“中国威胁论”的人聚焦于新装备及其威力，而那些认为中国没那么大威胁的人则指出，要想取得战斗的胜利，需要将新装备与现有能力和理论整合，然而中国在许多方面仍然存在缺陷。例如，仅仅拥有一流的远程战斗机甚至是航空母舰并不能确保对南海的主导权，除非后勤、指挥与控制系统能够打好配合。仅仅只有其中几块拼图是远远不够的。

中国军力分析人士沈大伟（David Shambaugh）认为：“最近，媒体和美国政治体系内部人士对所谓的‘中国威胁论’的炒作严重夸大，毫无经验依据，毫不负责，是一种危险的政治行为。”

无论这些对中国军事计划的评估准确性如何，关键的问题都是净评估，而这取决于美国（和其他国家）在未来几十年里将采取什么行动。美国不会停滞不前。信息时代的军事实力将取决于搜集、处理、执行和传播信息的能力，以获得主导战场空间感知（DBA）。而这依赖于天基监视、直播卫星、高速计算机等技术以及最重要的整合复杂信息系统的能力。其他国家将参与开发其中一些技术，但关键能力是对诸多系统进行整合的能力。

同样，只拥有其中一块拼图是不够的。美国经济在信息技术方面的领先地位，加上美国对国防预算的投资，使得美国失去这一优势的可能性微乎其微。澳大利亚专家保罗·迪布认为，军事领域的革命将继续有利于美国占据军事主导地位。中国要在实质意义上缩小与美国的差距尚有很大难度。

在未来几十年里，中国的军事实力可能还会增长。即使这不会使中国成为与美国相当的全球甚至地区大国，但这确实意味着，在地区邻国看来，中国可能会更加令人敬畏，而其军力的增长也将意味着，美国执行任何军事任务都要付出比现在更多的兵力和资源。换句话说，同中国经济实力的崛起一样，中国军事实力的崛起也必须作为一个新的地区因素被认真对待。但中国不会挑战美国的全球霸主地位，而且只要美国继续参与东亚事务，中国就无法在该地区取得主导地位。

共同利益

克林顿政府将其对华政策描述为“建设性接触”，但关于是“遏制”还是“接触”的辩论过于简单。“接触”并未规定如何处理诸如贸易或人权等棘手问题，也并不妨碍克林顿政府坚持要求中国承诺一定的条件才能加入世界贸易组织。

尽管这些口号缺乏内容，但“接触”标志着美国已经拒绝了冲突的必然性。1995 年，克林顿总统表示，一个稳定、开放和繁荣的中国——换言之，一个强大的中国——符合美国的利益。美国欢迎中国加入大国之列，但同时大国也肩负着重任。美国还重申了其对“一个中国”政策的承诺，从而排除了任何挑动台湾独立的想法，而台湾问题是引发中美之间潜在冲突的最危险的导火索。美国在法律和政策上仍然承诺确保台湾不会被武力接管，亦不会在台湾单方面宣布独立的情况下捍卫其独立。

尽管双方在贸易、人权和防止核扩散政策的一些细节上可能会出现分歧，但美国也看到双方存在共同利益。正如克林顿总统上周指出的那样，稳定有利于实现地区经济繁荣，符合两国利益，而且中国在最近的金融危机中也采取了负责任的行动。在印度和巴基斯坦进行了核试验后，中美两国都不希望在朝鲜半岛或亚洲发生冲突。过去10年，中国在防止核扩散方面的行动有了很大进步。此外，一个软弱、混乱的中国，既不能养活其人民，又不能阻止难民涌入，也不能打击走私和管理环境问题，这不符合美国的利益。

1995年2月，美国国防部发布了一份题为“美国东亚—太平洋地区战略”的报告，勾勒了一个包含四部分的战略架构：

- 在该地区保持大约10万名美国士兵作为前沿部署；
- 将美国的联盟，尤其是与日本的联盟，建立在坚实的基础上；
- 努力发展东盟地区论坛等多边机构，同时认识到这些机构实力仍然薄弱；

- 从这一优势地位出发，鼓励中国以与邻国及美国相容的方式界定其利益。

美日同盟对美国的战略至关重要，因为美国在日本驻扎的军队最多。在过去的三年里，两国安全关系大大加强，最近的民意调查显示，2/3 的日本民众支持这一关系。1996 年 4 月，日本首相桥本龙太郎与克林顿总统公开肯定了一个联合小组的工作，该小组将《日美安全保障条约》重新定义为冷战后维护该地区稳定的基础。1997 年，两国就防务合作准则达成一致。对《日美安全保障条约》的重申可能会成为美国对该地区政策最重要的发展之一。

发展友好关系的理由

随着实力的增长，中国将做出何种举动是一个悬而未决的问题。在不受约束的情况下，中国有一天可能会希望将美国赶出该地区，并在该地区取得主导地位。但在受到约束的现实世界中，各国都学会了从实际出发来界定自己的利益。直至 21 世纪，美国仍将是世界上最强大的国家。美国在东亚的存在提供了一种稳定态势，在没有其他机构的情况下，对该地区的所有国家都有好处。只要美国以合理的方式使用权力，使其他国家（包括中国）继续从地区稳定中受益，只要美国能够明智地安排投资来维持权力资源，任何国家或联盟都不太可能成为其强大的挑战者。

如果美国现在将中国视为敌人，那么中国在未来必定会成为敌人。如果美国选择与中国接触，那么虽不能保证双方的友好关系，但至少会有合理的前景。因错误地相信冲突的必然性而放弃拥有更加有利的未来的机会，将是一个悲剧性的错误。这样一个更宏大的战略愿景代表了美国两党在对华政策上的传统，应该赢得目前给克林顿总统此行蒙上阴影的国内政治舆论。

中国软实力的上升[①]

到了21世纪初，中国的崛起已被公认为一个不可避免的现实。中国崛起的进程无疑会影响到美国和其他老牌大国。中国在崛起过程中如何使用软实力尤其值得注意，因为中国的软实力资源还很有限。

最近，澳大利亚和印度等国齐聚马来西亚参加首届东亚峰会，而美国明显没有出现在嘉宾名单上。一些人担心，此次峰会标志着中国向建立一个新的区域权力结构（即东亚共

① 初发表于《华尔街日报》（2005年12月29日）。Joseph S. Nye Jr., “The Rise of China’s Soft Power,” *Wall Street Journal*, December 29, 2005, https://www.wsj.com/articles/SB113580867242333272.

同体）的长期目标迈出了第一步，而这一结构将美国排除在外。此外，英国广播公司（BBC）最近一项关于22个国家的民意调查显示，近半数受访者认为中国的影响力是积极的，而对美国持相同看法的只占38%。显然，中国软实力的崛起使美国的软实力相形见绌。

美国国会最近的报告都聚焦于中国经济和军事实力的崛起，对中国软实力崛起的关注却少得多。然而，在信息全球化时代，文化、政治价值观和外交等软实力来源是大国实力的重要组成部分。成功不仅取决于谁的军队能赢得胜利，而且取决于谁的故事更具备影响力。

一直以来，中国传统文化都很有魅力，而今也正在全球流行文化中崭露头角。2000年，中国电影《卧虎藏龙》成为票房最高的非英语电影。在NBA休斯敦火箭队效力的中国球星姚明，迅速成为美国家喻户晓的名字。中国还获得了2008年夏季奥运会的主办权。过去10年，来华留学生人数增长到原来的三倍，从3.6万人增至11万人，中国去年迎来的外国游客人数也大幅上涨，达到1700万人。中国在世界各地开设了26所孔子学院教授汉语和中国文化。在“美国之音”将中文广播的时间从每天19小时减少到14小时的时候，中国国际广播电台推出了全天候的对外英文广播。

在过去30年中，中国的国内生产总值增加到原来的三倍，这一巨大的政治经济成就让很多发展中国家羡慕不已。在亚洲、非洲和拉丁美洲的部分地区，中国的发展模式比之前大行其道的“民主政体+市场经济”的“华盛顿共识”更受欢迎。通过对外经济援助和开放其不断增长的市场，中国增强了这种吸引力。

中国还调整了外交政策。10年前，中国对多边安排持谨慎态度，并与许多邻国存在分歧。但在那之后，中国加入了世界贸易组织，派出3 000多名官兵参与联合国维和行动，在防止核扩散方面发挥了更大作用（包括主持朝鲜半岛核问题六方会谈），解决了与邻国的领土争端，并加入众多区域组织。这种新的外交策略，加上“中国和平崛起”的口号，有助于减少外界的忧惧，也降低了其他国家联合起来制衡中国崛起的可能性。

然而，正如中国的经济和军事实力尚无法与美国匹敌一样，中国的软实力同样有很长的路要走。中国还没有像好莱坞那样的文化产业，中国大学与美国大学之间也存在很大差距。中国也不像美国那样有很多非政府组织，而这些组织正是美国大部分软实力的来源。

尽管中国在软实力方面远不能与美国相提并论，但若忽视中国正在取得的成果将愚蠢至极。民意调查支持率的下降和美国在东亚峰会上的缺席便是警钟。美国是时候对亚洲地区的软实力平衡给予更多关注了。

中国软实力面临的机遇与挑战①

中国的软实力正处于早期发展阶段，其基础也与美国或其他发达国家截然不同。从体系和价值观的角度来看，中国的软实力对于中华体系之外的国家来说可能是陌生的或者不受欢迎的。然而，作为一个崛起中的大国，中国在发展中世界极具吸引力，这使它成为一股不可忽视的力量。

---

① 初发表于《哈佛国际评论》2009年夏季刊，由约瑟夫·奈和北京大学国际关系学院院长王缉思共同撰稿。本文是两位作者为《力量与克制》（*Power and Restraint*）［理查德·罗斯克兰斯（Richard Rosecrance）、顾国良主编］一书撰写的文章的精简版。Joseph S. Nye Jr., Wang Jisi, "Hard Decisions on Soft Power: Opportunities and Difficulties for Chinese Soft Power," *Harvard International Review*, vol.31, no.2 (Summer 2009): 18–22, https://www.jstor.org/stable/42763291.

广义上来讲，权力是指通过影响他人获得自己想要的结果的能力。影响他人的行为主要有三种方式：威胁或强迫（“大棒”）、利诱或收买（“胡萝卜”），以及使他人与自己的欲求保持一致。一国可以由于别国的自愿追随而在世界政治中获得它所期望的结果，这种自愿追随可以表现为钦慕该国的价值观、以其为榜样和向往它的繁荣与开放水平。从这个意义上讲，在国际政治中，通过威胁、使用军事或经济武器迫使他国做出改变是重要的，但通过设定议程来吸引他国也十分重要。这种“软实力”——让其他国家的欲求符合某一特定国家的期望，靠的是吸引而不是胁迫。在关于中国实力的崛起以及它将如何影响美国和全球稳定的讨论中，一个在两国都受到越来越多关注的问题正是中国的软实力。本文首先对软实力本身进行了充分的探讨，随后探讨了软实力在中国各方面的应用。最后，本文探讨了中国应如何善用自身软实力造福国际社会。

何为软实力

软实力是指塑造他人喜好的能力。软实力并不独属于某一个国家，也并不独属于国家这种行为体。个人也具有吸引他者的能力。政治领袖一直深谙此道，即通过设定议程和确定辩论框架所能够获得的权力。

虽然软实力是影响力的来源之一，但软实力与影响力并非一回事，因为威胁和收买等硬实力手段同样能够营造出某种影响力。软实力也不仅仅是说服或通过论证打动人心的能力，尽管这是软实力的重要组成部分。软实力还包括吸引的能力。从行为学角度来看，软实力意味着有吸引力的力量。从资源层面来看，能够产生这种吸引力的资产皆是软实力资源。有些资源能同时生成硬实力和软实力。例如，强大的经济实力可以提供用于利诱的重要“胡萝卜”，也可以作为成功的发展模式来吸引他人。通过民意调查或小组访谈了解人们是否喜欢一个国家，可以帮助我们衡量某项资产能否产生吸引力、成为软实力的来源，这种吸引力进而可能会产生预期的政策结果。但拥有能够产生实力的资源并不能保证这种实力一定能发挥预期作用。这种情况并不只发生在软实力领域。例如，在 1940 年法国沦陷前，英法两国的坦克数量比德国多，但这种军事上的优势并不能准确预测这场战斗的结果。

在国际政治中，产生软实力的资源在很大程度上来自某个组织或国家所传达的价值观，这种价值观体现在它的文化中，体现在它通过内部实践和政策所树立的榜样中，也体现在它处理对外关系的方式中。一国的软实力主要有三个来源：文化（适用于对该国有好感的国家）、政治价值观（前提是该国在国内外事务中遵循这些价值观）、外交政策（前提是其他国家认为该国具有合法性和道德上的权威性）。虽然政府有时会发现软实力既难以运用又不易控制，但这并不会削弱其重要性。

中国的“软实力”话语体系

无论是从构成还是从规模上来看，中国的软实力最近都发生了显著变化。中国人并未忽视这些成果，而是对“软实力”这一概念表现出了浓厚的兴趣。自20世纪90年代初以来，中国国内已发表了数十篇讨论软实力的论文和学术文章。事实上，在2006年底，一份名为《软实力》的新杂志问世，虽然这份杂志的内容大多与商业有关。

“软实力”也已进入中国官方语汇。2007年10月15日，中共十七大报告中指出，中国必须“提高国家文化软实力，使人民基本文化权益得到更好保障”。报告中还指出：“文化越来越成为民族凝聚力和创造力的重要源泉、越来越成为综合国力竞争的重要因素。”但官方似乎没有对“软实力”一词给出确切的定义，中国学者还在争论“软实力”这一概念的内涵、外延和应用范围。学者对于“soft power”的中译法也是各执己见，因为至少有三个中文词——“实力”、“权力”和“力量”含有“power”的意思。不同的译法体现了中国国内在理解该术语上的微妙差别。

中国人如何看待自身软实力

更为明显的是，中国国内探讨自身软实力的论著对如何理解软实力众说纷纭，莫衷一是。有些人主张，只有硬实力的迅速增长才能带来软实力的提升，暗示中国应优先发展硬实力而非软实力。例如，著名国际关系学者阎学通认为，展现政治力量，比如向外界表明提高军事力量和武力威慑“台独”的决心，远比传播文化影响力要重要得多。然而，其他大多数观察人士则更关注文化，认为它是软实力的必备要素，甚至是核心要素。许多人试图通过分析中国的优势和劣势来描述其如今的软实力。从积极的方面来讲，中国在过去30年里维持了经济的高速增长，使许多中国人摆脱了贫困，这一成就令世界上很多人羡慕不已。如果中国的政治体制不是如此强大且富有韧性，就不可能取得此等经济和社会进步。中国经验能否为他国提供一种可供效仿的发展模式（即“北京共识”），还有待商榷，但不断积累的经济实力和社会资本无疑增强了中国在向外施展政治和文化影响力时的自信心、自豪感以及能力。

中国的分析人士倾向于将中国近年的成就归功于其文化优势和特质。他们还倾向于认为，随着中国硬实力的不断增强，中国文化对其他民族的吸引力也将不断提升。一些人还指出，海外华人在促进中国软实力发展方面是一笔宝贵财富。此外，凭借高尚的道德原则（外界对此存在争议）和越来越高明的外交技巧，中国的外交政策一直非常成功。

同时，不少中国著述也承认中国的软实力存在限制和约束，尤其是当它们将中国软实力与美国在世界上的影响力相比较时。有些人巧妙地指出，政府工作透明度有待提高以及官员腐败损伤了中国的形象。另一些人提到了中国仍在遭受“人才流失”，这反映了中国教育体制的不足之处。还有人建议，中国政府应该在国际公关方面再努把力。因此，虽然中国人对自身软实力尚未达成共识，但争论一直很激烈且充满激情。

中美软实力的互动

在讨论了中国国内对软实力的看法之后，有必要看看中国的软实力是如何与世界其他国家，尤其是世界上最强大的国家——美国互动的。正如中美两国的国家利益既存在一致也存在冲突一样，两国的软实力也在某些领域相互促进，而在另一些领域则相互矛盾。不仅仅是软实力领域如此。通常来说，行为者的目标决定了彼此间的权力关系是零和还是正和。例如，如果两国都渴望稳定，那么可以令双方都不必担心对方攻击的军力平衡便是一种正和关系。

不可否认的是，中美两国的政体代表了不同的价值体系和意识形态。在中国的政治精英眼中，美国正试图按照自己的形象改变整个世界，而中国无疑是美国认为的实现这一战略目标的主要障碍。对于美国那些旨在将自身影响深入扩散至他国内政领域的图谋——国务卿康多莉扎·赖斯称其为

"转型外交"，中国政府一直心存警惕。中国还密切关注着发生在中亚和其他地区的"颜色革命"。

对美国普通民众和社会精英来说，共产党领导下的中国是一个很难被理解的政治符号。总的来说，美国人对中国在过去 30 年中取得的巨大成就心怀好感且印象深刻。然而，如果有人问美国人这样一个问题：是"因为"有了共产党的领导，中国才取得了这些成就？还是"无论"是否在共产党的领导下，中国都能成绩斐然？他们可能会感觉摸不着头脑。美国人对中国软实力的崛起抱有一种复杂的感情，多数人持一种零和观点，并以消极而非积极的心态看待中国软实力的增长。

在各自的外交政策声明中，中美两国往往持有相反的观点和目标。美国人想要维持其在全球事务中的领导地位，而中国则反对"霸权主义"（美国主宰世界的野心的代名词），并倡导"多极化"，而"多极化"显然标志着美国实力的明显下降。然而，这些看似相悖的目标和矛盾的心态掩盖了一些非常基本的事实。这些基本事实表明，中美之间软实力的互动远非一场零和博弈。

第一，几乎没有证据表明，中国软实力的提升是为了抗衡美国的软实力，而无论那些"颜色革命"与美国的战略目标存在何种关联，都没有证据显示它们针对的是中国在这些国家的影响力。美国的形象在欧洲和伊斯兰世界受损，与中国在当地的外交政策没有什么关系，也不会直接导致中国文化和政治影响力的提升。正如姚明并非靠压倒迈克尔·乔丹的声望才名噪美国一样，好莱坞电影和《绝望的主妇》之类的电视剧也不会对中国的影视作品造成什么损害。虽然中国有些人可能会抱怨美国文化产品的流行降低了国内同类产品的吸引力，但这个问题也可以反过来看，即这种竞争是必须的，也是健康的。中美之间的教育交流也是如此，对方的师生越优秀，自身的受益便越多。

第二，那种认为中国的发展模式势必会挑战西方模式和价值观的看法也是值得商榷的。尽管一些发展中国家的确羡慕中国取得的成就，但究竟有多少个发展中国家有能力从中国模式中学到很多东西，它们对这些东西又能掌握到什么程度，仍有待更多研究。就我们所知，如果朝鲜和缅甸开始向中国式的市场经济转型，美国人将会乐见其成。

第三，中国在外交中运用软实力的方式或许对美国在某些国家和地区维护自身利益有所助益。中国所采取的行动皆以维护自身利益为首要目的，这一点毋庸置疑，但中国不动声色地劝说朝鲜终止核武器计划并开始进行经济改革的举动，确实促进了美国实现对朝鲜半岛的政策目标。同样，中国通过温和的外交手段劝说缅甸政府调整对内政策，可能为稳定该国局势铺平了道路。此外，苏丹政府起先拒绝在西方压力下妥协，但最后同意联合国派驻同样是由于中国的成功说服。

第四，中国对美国软实力的戒备基本上是防御性的，尤其是在涉及中国内政的时候。尽管中国的政治精英对美国的意图心存疑虑，也不确定美国经验对中国走向现代化道路究竟有多大借鉴意义，但他们依然认同民主、人权、法治以及市场经济等基本价值观。“9 · 11”恐怖袭击事件发生后不久，一位美国分析家曾说道：“我们过去总说中美价值观不同，但是相较美国的价值观与塔利班、基地组织奉行的价值观之间的巨大鸿沟，中美之间的这点差异又算得了什么呢！”

第五，中国在实践中正大力借鉴美国构建软实力的技巧和做法。很多中国政府官员、军官、法官、律师以及其他专业人士都在美国接受过培训，当然，他们也为美国各学科知识的发展做出了贡献。过去10年间，在对外政策领域，不少中国智库开始崭露头角，而这些智库皆以美国同行而非日本、俄罗斯或德国的机构为借鉴对象。因此，我们无须将中美之间的软实力互动视为一种竞争，而应将其视为一种更加复杂的竞合关系。

结论

中国领导人和学者坦率地谈论中国的软实力问题，并采取措施积极发展软实力，这并不令人惊讶。从某种意义上说，这反映了一个硬实力不断提升的国家采取了精明的现实主义战略。只要它能够将自身硬实力与软实力资源结合起来，就不太可能招致邻国和其他国家的恐惧，从而降低催生制衡同盟的可能性。只有结合软实力与硬实力，构建所谓“巧实力”的战略，才算得上一种成功的战略。例如，在 19 世纪的欧洲，俾斯麦在借助普鲁士的硬实力击败丹麦、奥地利和法国之后，又发展软实力使柏林成为最具魅力的欧洲外交之都。在冷战期间，美国同样通过软硬兼施的策略与苏联相抗衡。由此，中国运用巧实力战略也就不足为奇了。至于这是否会给其他国家带来麻烦，就要看中国如何运用了。如果中国想要操纵亚洲政治局势并排斥美国，那这种战略很可能会适得其反，但只要中国在国际事务中接受“负责任的利益相关者”这一角色，其软实力与硬实力的综合运用就能做出积极贡献。而这在很大程度上取决于美国是否愿意让中国成为正式和非正式国际制度安排网络中的重要角色。

虽然中国如今在软实力方面还远不能与美国或欧洲相匹敌，但忽视中国软实力发展取得的重要进展亦是愚蠢之举。幸运的是，这些进展不仅对中国有利，对世界上其他国家而言同样是好事。软实力并不是一场一国所得必是他国所失的零和博弈。举例来讲，如果中美两国都能够让自己在对方心目中变得更有吸引力，那么两国之间发生破坏性冲突的概率就会减小。倘若中国软实力的提升能够降低冲突发生的可能性，那么这自然会成为正和关系的一部分。

美国未来对华战略[1]

除了新冠疫情引发的危机，美国还面临着一个更大的难题，即如何制定一项战略来应对中国不可阻挡的崛起。“西方衰落”是老生常谈了，但中国的角色是崭新的。从更长远的历史角度来看，21 世纪将见证的并非亚洲的崛起，而是亚洲的复兴。归根结底，中美关系是一种“竞争性合作”关系，在这种关系中，一项成功的“巧竞争”战略必不可少。

在 2020 年 2 月召开的慕尼黑安全会议上，中国成为被提

① 初发表于《棱镜》（2020 年 6 月 11 日）。Joseph S. Nye Jr., “Perspectives for a China Strategy” National Defense University Press, *PRISM*, vol.8, no.4 (June 11, 2020): 121–131, https://ndupress.ndu.edu/Media/News/Article/2217686/perspectives-for-a-china-strategy/.

及次数最多的国家，与此同时，“西方衰落”的声音甚嚣尘上。

除了新冠疫情引发的危机，美国还面临着一个更大的难题，即如何制定一项战略来应对中国不可阻挡的崛起。“西方衰落”是老生常谈了，但中国的角色是崭新的。早在一个多世纪前，奥斯瓦尔德·斯宾格勒就曾对“西方衰落”发表过见解。在冷战期间，出于对苏联的恐惧，众多美国学者和政治家之中出现了几轮衰落主义思潮。但最终结果是苏联率先解体，对此，许多人宣称这是西方的胜利。弗朗西斯·福山在其 1992 年出版的《历史的终结与最后的人》一书中写道，人类已经达到了“意识形态进化的终点，而西方的自由民主政体将成为人类政府的普遍形式”。几年后，塞缪尔·亨廷顿在《文明的冲突与世界秩序的重建》一书中发表了更为悲观的预言：“中国这个‘人类历史上最大角色’的崛起和日益强大将对 21 世纪初的世界稳定造成巨大压力。”[1] 如今，中国的崛起引发了众多人的担忧。因此，2017 年美国国家安全战略的重点是与中国的大国竞争，其次是与俄罗斯的竞争。

从更长远的历史角度来看，21 世纪见证的并非亚洲的崛起，而是亚洲的复兴。西方文明直到 16 世纪才孕育成熟，19 世纪之前，亚洲（中国、印度和日本等国）拥有世界一半以上的人口和经济总量。直到 20 世纪，亚洲人口仍占世界总人口的半数以上，但其在全球经济中所占的份额已降至 20%。与此同时，欧洲和北美的工业革命以及对海洋的控制使欧洲成为全球权力平衡的中心，直到它在一战中毁灭了自己。我在 10 年前就已经说过，21 世纪将见证亚洲的回归，但亚洲不是只有中国一个国家。[2] 亚洲内部有着自己的力量平衡。[3]

美国在 19 世纪末成为世界上最大的经济体，但直到它改变了一战的结果，它才真正能够对世界的权力平衡产生关键影响。由于美国未能理解这种权力平衡，它又退回到孤立主义。20 世纪 30 年代是灾难性的 10 年。二战及以后，罗斯福、杜鲁门和艾森豪威尔三任美国总统避免了孤立主义的错误，建立了后来成为西方自由秩序的制度。

一些当代现实主义者认为，中国的崛起预示着一场将会撕裂世界的冲突，就像 1914 年欧洲的分裂。格雷厄姆·艾利森曾警告说，“修昔底德陷阱”将使类似伯罗奔尼撒战争的历史重演。而伯罗奔尼撒战争爆发的原因，正是雅典的崛起及其给斯巴达带来的恐惧。尽管艾利森援引的案例和数据受到了质疑，但他的观点仍不失为一种有用的预警。[4] 战略家必须同时关注中国的崛起及其在美国造成的恐惧。

对中国实力的评估

高估或低估中国的实力都是危险的，因为低估会滋生自满情绪，高估则会造成恐慌心理，而二者均会导致误判。良好的战略需要谨慎的净评估。目前，许多悲观预测都是基于对中国实力的夸大以及对西方弱点的放大。一些观察人士警告称，中国的崛起意味着美国时代的终结，但这一点还远未明朗。[5]

与当前的普遍看法不同的是，中国尚未取代美国成为世界第一大经济体。目前，中国的经济规模约为美国的2/3，如果再把欧洲、日本、澳大利亚和其他西方盟友计算在内，这一占比将会更低。如果按购买力平价（PPP）衡量，2014年中国的经济规模就超过了美国，但购买力平价只是经济学家比较福利估算数据的一种手段，并不能用于衡量国家实力。例如，石油和喷气发动机是按当前汇率而非名义购买力调整进口的。而国内生产总值在任何情况下都是一个非常粗略的衡量指标。这就好比鸦片战争前的中国，虽然GDP总量（军队数量）世界排名第一，但并不能准确反映其国家实力。[6]相比之下，人均收入能够更好地反映一个经济体的发达程度，而美国的人均收入数倍于中国。

许多经济学家预测，中国有朝一日将超越美国，成为世界上最大的经济体（指以美元计算的GDP衡量），但具体时间从2030年到21世纪中叶不定。这取决于人们对中美两国经济增速的预期，以及两国能否沿着预期的增长曲线发展。过去的增长率并非可靠的预测依据。

然而，无论以何种标准衡量，中国经济的吸引力都在增加。中国目前是世界上最大的制造国，也是几乎所有国家的主要贸易伙伴。[7]中国不断增长的经济实力为其军力发展和对外援助提供了支持，而且中国市场准入和制定市场标准的能力成为其政治影响力的重要来源。

如前所述，修昔底德将伯罗奔尼撒战争的爆发原因归结为著名的两点：一是新兴势力雅典的崛起，二是固有势力斯巴达对此产生的恐惧。大部分读者只关注前者，但后者对战略规划同样具有重要意义，且更多地在我们掌控之下。

大部分中国问题专家对于美国外交政策能否阻止中国经济崛起持怀疑态度，但如果我们能够善用情境智力，就有可能避免因过分恐慌而引发的新一轮冷战或热战。即便中国有朝一日在经济总量上超过了美国，这也不是衡量地缘政治实力的唯一标准。正如我们所见，美国在 19 世纪末就已经成为世界上最大的经济体了，但直到 30 年后才在一战这个背景下成为全球权力平衡的核心参与者。经济实力只是这个等式的一部分。

在军事力量方面，中国仍落后于美国。美国的军费开支是中国的数倍。尽管中国的军力近年来不断增强，并对美国和西方国家在该地区的军事力量构成了新的挑战，但在全球层面，中国还不是美国的对手。

中国为提升软实力投入了大量资金，以期通过吸引而非胁迫或收买来达成目的。文化交流和“一带一路”倡议项目有助于增强中国的吸引力，它包含了促进经济基础设施发展的项目。[8] 中国的软实力发展主要面临两个限制。一方面，与日本、印度、越南和菲律宾等邻国的领土纠纷使得中国难以在这些国家眼里充满吸引力。另一方面，中国国内的某些治理方式使之丧失了部分社会活力。在软实力的衡量方面，民意调查和伦敦波特兰咨询公司最近发布的一项指数将中国排在第 26 位，而美国则接近榜首。[9]

中国巨大的经济规模至关重要，这是一个无法回避的事实。美国曾是世界最大贸易国和最大双边贷款国。然而如今，有近百个国家将中国视为最大贸易伙伴，而与美国有这种关系的国家只有 57 个。中国计划在未来 10 年向“一带一路”倡议中的基础设施项目提供超过 1 万亿美元的贷款，而美国则在削减援助。中国在经济上的成功提升了它的软实力，政府对市场准入的管理也发挥了强有力的作用。此外，中国将从其庞大的市场规模和海外投资及发展援助中获得经济实力。

在人工智能时代，全球七大互联网公司（谷歌、脸书、亚马逊、微软、百度、阿里巴巴和腾讯）中有近半数来自中国。中国拥有全世界最多的人口和互联网受众，在数据资源日益成为世界政治“新石油”的背景下，中国正蓄势待发，有望成为大数据领域的“沙特阿拉伯”。[10] 总而言之，相对于美国，中国的实力很可能会增加。

美国拥有的资产

在评估权力的平衡时，需要切记，美国拥有的某些优势将不受中国影响而长期存在。首先是地理区位优势。美国被两洋环抱，且与周边邻国大概率会保持友好关系。而中国与14个国家接壤，并与印度、日本、越南和菲律宾等国存在领土争端。其次是能源独立优势。[11] 10年前，美国除了依赖能源进口似乎别无他法，但近来的“页岩气革命”使美国从能源进口国摇身一变成为能源出口国。国际能源署预测，北美在未来10年内或能实现能源的自给自足。与此同时，中国对能源进口的依赖程度却不断提高，且大部分进口石油是通过印度洋和南海运输的，而美国和其他国家在这些海域保持着强大的军事存在。中国要消除这个弱点将需数十载。

美国的金融实力源自其庞大的跨国金融机构以及美元的地位。在世界各国政府持有的外汇储备中，人民币仅占1.1%，而美元则占64%。虽然中国渴望在货币领域发挥更大的作用，但可靠的外汇储备取决于货币的可兑换性、深厚的资本市场、政府的公信力和完善的法治体系，而中国在这些方面仍有很大的发展空间。尽管中国可以抛售其所持有的大量美元储备，但这种做法在冲击美国的同时也存在损害自身经济的风险。换言之，中国抛售美元储备可能会使美国屈服，但对中国本身会产生类似影响。

在相互依存的关系中，权力取决于不对称的脆弱性。而在这点上，中美相互依存的关系中存在着太多对称的脆弱性。假如进行更彻底的脱钩，这种状况可能会改变。虽然美元不可能永远占据主导地位，且美国滥用金融制裁手段刺激了其他国家转而寻求替代性金融工具，但人民币在短期内也不太可能取代美元的地位。

美国在人口方面同样具有优势。据估计，美国是目前世界上唯一在人口排名中保持前三位置的主要发达国家。虽然近年来美国人口增速有所放缓，但并没有像俄罗斯、欧洲和日本那样出现萎缩。未来15年，全球15大经济体中的7个将面临劳动力规模萎缩的难题，其中就包括中国，其人口将减少9%，而美国的劳动力则可能会增加5%。中国人口世界第一的位置很快将被印度取代，而中国的劳动适龄人口在2015年已经达到峰值。中国人普遍担心“未富先老”。[12]

美国始终处于关键技术领域（生物、纳米、信息技术）的发展前沿，而这些技术恰恰是21世纪经济增长的核心驱动力。此外，美国的研究型大学在高等教育中占主导地位。根据上海交通大学2019年发布的排名，全球前20名的大学中有16所在美国，而中国大学无一上榜。

为挑战美国在尖端科技领域的主导地位，中国正在斥巨资开展研发工作。目前，中国在一些领域展现了出色的竞争力，并制定了到2030年成为人工智能领域全球领导者的目标。一些专家认为，中国坐拥海量数据资源，同时对数据使用的隐私限制相对宽松①，而且机器学习的进步更多需要的是训练

① 2021年8月20日第十三届全国人民代表大会常务委员会第三十次会议通过《中华人民共和国个人信息保护法》。——译者注

有素的工程师而非尖端科学家，因此中国很有可能实现其人工智能目标。鉴于机器学习是影响许多领域的通用技术，具有重要作用，中国在人工智能领域取得进步具有特殊意义。[13]

中国的技术进步不再仅仅基于模仿。中国可以出于安全考虑禁止谷歌和脸书进入其国内市场，美国也可以采取类似的措施，例如禁止华为和中兴参与美国的 5G 网络建设。但美国要想成功应对来自中国的技术挑战，还是要依靠完善自身，而非外部制裁。

美国人的自满一直是种危险，但因缺乏自信和夸大恐惧而导致的反应过度同样危险。在麻省理工学院前教务长约翰·多伊奇看来，如果美国在创新潜力方面实现了改进，那么“中国的跃升充其量只可能稍微缩小了与美国当前在创新领域领导地位的差距”。但请注意，这里用的是“如果”。[14]

美国的对华战略设想

虽然美国手中握有王牌，但其歇斯底里的情绪可能会影响出牌效果。克林顿政府在 1995 年发布了《东亚战略报告》以应对中国的崛起，当时美国决定在允许中国加入世界贸易组织前重申与日本的同盟关系。如今，抛弃盟友和国际机构的做法将是一个严重的错误。美国可能会犯的另一个错误是试图切断移民通道。当被问及为何中国的综合实力不会很快超过美国时，已故新加坡前总理李光耀指出，那是因为美国能够吸纳全世界的人才，并激发他们的多样性和创造力。[15] 如果美国今天选择抛弃盟友和封闭国内社会，那么李光耀的说法可能会被证明是错误的。

随着中国实力的增强，一些观察人士担心中美之间的战争不可避免，但鲜有人考虑与之相反的另一种破坏性危险。中国可能会像 20 世纪 30 年代的美国那样选择“搭便车”，而不是在国际秩序中成为一股革命性的力量。中国可能会表现得很弱势而不是强势，并拒绝为一个并非由自己建立的国际秩序贡献力量。中国深知自身从 1945 年后的西方国际秩序中获益良多。[16] 目前，中国是联合国安理会五大常任理事国之一，还是联合国维和部队第二大资助国，参与了抗击埃博拉病毒、应对气候变化等联合国项目。中国还从世界贸易组织和国际货币基金组织等金融机构中受益匪浅，而且是 2015 年气候协议缔约国。另一方面，中国启动了亚洲基础设施投资银行以及“一带一路”国际基础设施项目，一些人认为这是一种经济攻势。

迄今为止，中国并没有试图推翻世界秩序，而是通过提升自身在世界秩序中的影响力来从中获益。但随着中国实力的增强，局面可能会发生改变。[17] 中国不想打破局面，只是想让局面更有利于本国。中国日益增长的经济实力将给美国和国际秩序带来挑战，而且这种摩擦可能会持续下去。对此，美国将不得不巧妙管理盟友、关系网和机构，以塑造应对中国崛起的有利环境。

随着中国实力的增强，以美国为首的自由国际秩序将不得不做出改变。中国对美国主导下的自由主义不感兴趣，但确实对“开放和基于规则的”世界秩序怀有持续的兴趣。贸易战和新冠疫情过后，中美两国间势必会出现一定程度的脱钩。[18]美国需要调整其对开放国际经济的态度，但仍应保有一个可以实现富有成效的相互依存的基础，并制定相应的规则管理这种独立性。西方也可以表达在价值观上与中国存在的分歧，同时在涉及共同利益的规则制定上进行合作。须知我们的价值观是软实力的重要来源。

2017年底，特朗普总统发布了新版国家安全战略，聚焦与中国和俄罗斯的大国竞争。新战略给美国人敲响了警钟，但作为一份保护美国国家安全的战略，它是不够的。在信息革命和全球化的影响下，世界政治格局正在发生变化。即便作为大国的美国战胜了中国，也不能独自保护好国家安全。新冠疫情正是一种无法单独应对的安全挑战的最新例证。还有一个例证则是全球金融体系的稳定，它对美国的繁荣至关重要，但美国需要与其他国家一道来维护这种稳定。此外，除了贸易战可能导致经济全球化的衰退，全球环境问题也将日益严重。

疫情蔓延、气候变化和经济不稳定威胁着美国，但仅靠美国自身的力量却难以应对。当今世界，在面对毒品、传染性疾病和网络恐怖主义等问题时，国与国之间的界线越发模糊，因此，美国必须利用自身软实力的吸引力来建立和培养能够应对此类非传统威胁的网络和机构。

美国必须认识到，鉴于自身规模和超级大国地位，成功的国家安全战略意味着美国必须领导合作。涉及公共产品（例如所有人皆可享用且都离不开的清洁空气）的一个经典问题是，如果最大的消费者不带头，其他消费者就会选择“搭便车”，公共产品就生产不出来。然而，特朗普总统的国家安全战略几乎没有提及上述这些对国家安全日益重要的跨国威胁。正如美国技术专家理查德·丹齐格所说：“21 世纪的技术不仅在分布上是全球性的，其带来的影响也是全球性的。病原体、人工智能系统、计算机病毒以及意外释放的辐射可能会成为影响所有国家的难题。我们必须推行协商一致的报告制度，共同控制，共享应急方案、规范和条约，缓和我们共同面临的风险。”[19] 关税壁垒和边境墙解决不了这些问题。即便是在美国的领导下，成功也有赖于其他国家的合作。美国将不得不与其他国家和国际机构更紧密地合作，而不是像特朗普政府一样对他们嗤之以鼻。

在应对诸如新冠疫情、气候变化和全球经济不稳定等跨国问题上，权力是一场正和博弈。美国只考虑对他国行使权力是不足以应对这些问题的，还必须从实现共同目标的角度出发，考虑与他国共同行使权力。如果中国能够提高能源效率，减少二氧化碳排放，或改善公共卫生系统，美国也将从中受益。在21世纪，“关系网”也是国家实力的重要组成部分。在一个日益复杂的世界中，拥有最广泛关系网的国家将是最强大的。美国有大约60个盟友，但美国正在浪费这些战略资源。

过去，美国的开放性强化了其建立关系网、维持机构和维系联盟的能力。但在民粹主义主导国内政治风气的背景下，这种开放性以及与世界其他国家接触的意愿还能否延续？或者说，我们是否会看到20世纪30年代的孤立主义在21世纪重新抬头？尽管美国拥有比其他国家强大得多的军事、经济实力和软实力，但美国可能不会把这些资源转化成国际舞台上的有效行动。在两次世界大战期间，美国没有这么做，而结果是灾难性的。

如果确保美国未来安全和繁荣的关键是要认识到，“与他人共同行使权力”和“对他人行使权力”同样重要，那么美国目前的战略尚不能胜任这项任务。各国都会将自身利益置于首位，但问题的关键是这些利益的定义有多广或多窄。最近的事件表明，美国倾向于短期的、零和的交易性解释，很少关注国际机构或盟友。1945年后，罗斯福、杜鲁门和艾森豪威尔总统设计出了一套安全模式，并成功地指导美国度过了冷战岁月，但现在美国似乎正在从长期、开明的利己主义退却。对美国安全构成挑战的新威胁不仅来自新冠疫情和气候变化等跨国问题，同时也来自美国未能调整自己的态度以适应这个新世界。

结论：合作性竞争

俄罗斯和中国的立场可能站到美国的对面，但考虑到俄中两国之间潜在的不信任和协调相互竞争的民族主义意识形态的困难，类似20世纪30年代的轴心国与50年代的中苏同盟不太可能出现。[20] 今天的中俄关系不像20世纪的中苏联盟那样具有软实力的吸引力。

自尼克松时代以来，中美两国虽然存在意识形态上的分歧，但始终保持着合作。尽管亚洲地区经济的快速增长促使权力向该地区横向转移，但亚洲内部有着自己的权力平衡机制。日本、印度和澳大利亚等国都在制衡中国。美国仍将是亚洲权力平衡的关键。如果美国能够保持与盟友的关系，那么在与中国的传统竞争中，美国很难被赶出西太平洋，更不用说失去世界主宰的地位了。在传统的大国竞争中，美国手握大量王牌，关键在于能否打好这些牌。

对有效的国家安全战略来说，更加棘手的问题是中美两国在进行传统大国竞争的同时，能否在生产全球公共产品上采取合作态度。过分恐慌和对于最坏情况的预期可能会使这种平衡的政策成为不可能。中美之间是一种竞合关系。在这样一种关系中，成功的“巧竞争”战略应将竞争与合作放在同等重要的位置，就如同夏伟（Orville Schell）和谢淑丽（Susan Shirk）所主张的那样。[21] 但这需要良好的情境智力，双方细致的自我管理，以及不出现重大误判。这将是对两国领导人能力的严峻考验。

第四部分

中美关系与软实力的作用

中美关系在当今世界是解决诸多全球性问题的决定性因素。从人权和民主等根本问题到台湾等地区问题，甚至与华为等公司相关的贸易问题要如何解决，在很大程度上都取决于如何解读中美两国对软实力的运用。然而，有一点是肯定的，那就是中美两国必须找到一种共存和互动的方式来应对诸多全球性问题，并在针对气候变化、大流行病、网络恐怖主义和核扩散等方面的合作中获益。

软实力的发展并不必然是零和游戏。如果中美两国软实力对彼此而言都有所提升，那么将有助于降低冲突的可能性。

“奈报告”发布六年后[①]

虽然美国在东亚和太平洋区域展示的更多是硬实力，但美国在这一区域安全问题上的立场确实影响了美国在软实力方面的发挥，尤其是在中国，而中国的反应反过来也会影响外界对其的印象。6年来，两国在该区域的影响力对比为讨论软实力在中美关系中所扮演的角色提供了基础。

1995年2月，美国国防部发布了《东亚和太平洋地区安全战略报告》。这份报告也被称为“奈报告”。尽管一些批评

① 初发表于《亚太国际关系》2001年1月刊。Joseph S. Nye Jr., “The ‘Nye Report’: Six Years Later,” *International Relations of the Asia-Pacific*, vol.1 (January 2001): 95–103. https://academic.oup.com/irap/article-abstract/1/1/95/683098?redirectedFrom=fulltext）

者认为该报告表达了一种“僵化”的传统主义，这份战略规划在东亚和太平洋地区的大部分国家仍然受到了广泛欢迎。[1] 朋友们有时会语带讽刺地说，肯定是有某个研究国家相互依存概念的人帮忙编写了这样一份处处流露出现实主义思想的报告。我在自己的教科书《理解国际冲突》（*Understanding International Conflicts*）中对此做出了回应。我告诉学生们，在不同的情况下，现实主义和自由主义都能给决策者带来启发。[2] 在 1995 年，美国的东亚和太平洋战略的确需要一剂健康的现实主义药方。

船桥洋一曾详细地描述了这份报告的由来，以及其中关于加强美日同盟的倡议。[3] 可以这么说，在 20 世纪 90 年代早期，美国政府内外普遍接受的观点是“地缘经济”已经取代了地缘政治。美日两国中的很多人都认为双边冷战同盟已经过时了。克林顿坚持不懈地将竞选主题放在经济上，在大选时喊出：“经济才是重点，蠢货！”这让他成功上位。克林顿政府的早期亚洲政策主要是由经济部门指导的，对安全问题几乎毫不关心。人们甚至担心美日关系会在一些领域转向对抗，一些作者甚至开始将日本描述为美国的新敌人。[4] 一些东亚人士开始期盼美国在该区域的安全架构可以被废除。然而，我对此一直持不同意见。正如我在报告的第一段中写到的那样：“安全犹如氧气，你只有在开始失去它的时候才会注意到它的存在。美国的存在保卫了该地区的安全，为东亚的发展提供了这种‘氧气’。”

1995年的东亚

与欧洲不同，亚太区域在冷战期间并没有发展出丰富的制度网络。中日之间也没有像德法之间那样，在欧盟和北约的背景下互相和解。冷战的退场完全暴露了该区域之前的历史冲突，一众国家开始增加军备。

在冷战期间，美国、日本和中国一起与苏联形成均势，而苏联的解体使得美国在该区域占据了优势地位。一些中国的分析人士称，现在该区域缺乏权力平衡，而中国的军力增长有助于恢复平衡。[5]这时，美国警告不要试图改变区域权力平衡。显然，两国是从不同的角度出发使用“权力平衡”这个术语的，代表不同的意义：中国的意思是指大致相等的权力分配，而美国则强调目前已有的权力分配状态。[6]一些持有“权力平衡”观点的分析人士认为，美国应该撤出该区域，让中国、日本和复兴的俄罗斯三方发展出区域力量平衡，这样就可避免与中国发生冲突。而另一些人则认为，正是当前的权力分配才有了支持亚洲经济奇迹的政治稳定。对这个区域的国家而言，美国地理位置遥远，对该区域没有领土诉求，并且可以提供对地区稳定的保障，使得区域内没有必要开展军备竞赛，因此美国的优势地位是可以接受的。他们指出，美军在该区域部署军力在过去和现在都是广受欢迎的。

在我看来，美国在针对亚太区域的大战略上至少有五个选项。

选项一：退出东亚和太平洋地区，奉行大西洋（和/或半球）政策。[7]尽管这一选项会降低与中国发生冲突的可能性，但实际上代价高昂且不大可能。历史、地理、人口和经济因素使美国成为太平洋大国。夏威夷就位于太平洋中部。1995年，800万美国人追溯发现，自己的祖辈来自夏威夷群岛。与世界上经济增长最快的区域隔绝，必然会让美国付出高昂的代价。美国在这一区域的军事存在受到普遍欢迎，也提升了美国在该区域的影响力。由于日本的支持，美国在日本驻军的成本低于在本土的成本。另外，孤立主义在美国本土没有得到广泛的支持。[8]

选项二：建立东亚和太平洋区域的权力平衡。美国从在该区域的五大盟国（日本、韩国、泰国、菲律宾和澳大利亚）撤军，让区域内各国自发形成均势。美国可以让该区域内的国家互相制衡，与此同时在一些有争议的问题上置身事外。[9]这样做可能会导致日本的再军事化以及区域内出现军备竞赛。而且，具有讽刺意味的是，这会使美国偶尔介入的成本增加、风险提升，因为它需要花力气应对在该区域新出现的强势力量。另外，美国国内政治也不习惯这种19世纪式的权力政治平衡。

选项三：建立区域安全机制。美国可以在东亚和太平洋地区建立一套区域安全机制来取代现有的双边联盟结构，在减少直接参与的情况下保持区域稳定。东盟及区域论坛业已存在，有关东北亚安全论坛的构想也已被讨论。作为对联盟机制的补充，设置这样的机构是有意义的，但是在任何情况下，它们都不容易实现或快速地发展起来。仅凭一个区域安全机制战略，不太可能为该区域的稳定提供足够的框架。

选项四：建立一个遏制中国的联盟。这一选项的支持者认为，遏制政策将促使中国选择政治自由化来切实保护其经济利益并赢得国际社会的认可。然而，这种方法存在三个缺陷。首先，与经济增长和接触策略相比，制裁和孤立不太可能产生政治自由化。其次，它忽视了中国业已发生的变化以及中国以负责任大国的方式界定自身的利益。如果美国将中国视作敌人，那它很可能为自己制造一个敌人。尽管不将对方视作敌人并不能保证对方就是朋友，但是它保留了选择余地。最后，正如针对亚洲各国的一项快速调查显示，美国即使尝试也无法建立一个遏制中国的联盟。中国的邻邦并不像苏联的邻国在冷战时期那样将其视作威胁。除非将来中国变得咄咄逼人，这种遏制中国的联盟构想才有可能实现。在没有联盟机制的情况下尝试遏制中国，只会为其他国家提供经济机会并增加美国国内的挫败感。

选项五：与日本正式结盟，与中国建立正常关系。克林顿政府将其对华政策描述为“建设性接触”。但是，“遏制”

还是“接触”这样的两极化争论过于简单。尽管对这一口号的描述并不充分，但是“接触”这个词代表的方向和态度意味重大。这意味着美国拒绝了冲突的必然性。1995年，克林顿总统曾表示，一个稳定、开放、繁荣的中国——换言之，一个强大的中国——符合美国的利益。美国欢迎中国加入大国之列，但同时大国也负有重任。[10] 美国同时还重申了其对“一个中国”政策的承诺，从而排除了任何挑动台湾独立的想法，而台湾问题是引发中美之间潜在冲突的导火索。

因此，新的安全战略报告勾勒了一个包含四部分的战略构架：（1）维持美军的前沿部署；（2）努力将多边机制发展为一个强化机制；（3）在冷战后巩固美国与盟友的关系，特别是美日联盟；（4）从实力地位出发，鼓励中国以与美国利益相容的方式来界定自身利益。

这项报告指出，美国计划在该区域保留约10万兵力。这个数字基于1993年的一次评估——在两个区域，例如波斯湾和朝鲜半岛，同时爆发大型区域冲突并打赢所需要的兵力。这个数字本身没什么绝对性，但是该数字公布后得到的初步反应是积极的，也有助于消除该区域对美国撤军日益增加的担忧。不撤军的承诺比具体的数字更重要。尽管1999年的新版报告重申了这一承诺，但正如我在演讲中多次提到的，这个数字未来会随着情况的变化而变化。重要的是，如果要维持承诺，就不应未经协商单方面裁减军队部署。

在多边机制方面，该报告大力支持东盟地区论坛。有人说中国更喜欢与较小的邻国建立双边协议，这其实是一个大国的自然反应。另外，中国发现也不能忽视东盟地区论坛，包括其中针对南沙群岛的讨论。尝试建立东北亚安全对话或论坛的努力并不成功。随着朝韩双方开始对话，中国对朝鲜的态度有可能会发生变化。

美日同盟对美国的战略至关重要，毕竟日本是美国海外驻军最多的地方。在该报告发布后的几年里，尽管美国海军陆战队驻冲绳的士兵在 1995 年 9 月强奸一名女学生，引发了对美军在日本设立军事基地的争议，但是美日的安全关系得到了加强。尽管存在这些严重的问题，但是日本国会承诺在未来 5 年内为驻日美军提供 250 亿美元的支持。日本的《防卫计划大纲》加强了美日同盟在日本防卫计划中的中心地位。1996 年 4 月，日本首相桥本龙太郎与美国总统克林顿公开肯定了一个两国联合小组的工作。这个联合小组将《日美安全保障条约》重新定义为冷战后该区域稳定的基石。同时，美日两国开始为日本在危机时刻出手支援制定相应的指导方针。事实上，这一重申将有可能成为该区域最重要的政策发展之一。

一些分析人士担心，这种做法会促使中俄重新建立 20 世纪 50 年代的反美联盟，尤其是在 1996 年克林顿与桥本龙太郎重申《日美安全保障条约》之后，中俄首脑的会晤加强了这种可能性。外交协调是意料之中的，但是中俄双方建立紧密的联盟似乎不太可能。首先，如米哈伊尔·诺索夫所指出的那样，中俄两国“在远东区域的人口差别显著（这可能会导致问题），俄罗斯一侧的人口为600万~800万，而另一侧的中国东北地区人口高达1.2亿”[11]。除此之外，兹比格涅夫·布热津斯基也指出：“一个更强大的中国的地缘政治影响力，与美国在一个稳定的多元化欧亚大陆的战略利益并不一定不相容。”[12]在某些情况下，一个复苏的俄罗斯可能会再次被纳入区域稳定协同机制。但是在1995年，要实现这样的前景似乎至少还需要10年。事实上，俄罗斯当前社会、经济和军事基础设施等方面的严重问题意味着10年时间可能还是保守的。

2001年的东亚

回过头来看，1995年这份报告中的提议都执行良好。虽然在具体的实施过程中不可能尽善尽美，但是政策总体上与报告中的战略是一致的。今天，美国在维持美日同盟以及与中国关系正常化的战略上面临着四大挑战，即中美关系、台湾问题、朝鲜问题和军队部署。它们彼此关联，却又有其独特性。

近年来，中国问题已经成为美国国内政治问题，这导致中国问题被夸大了。在很多美国国会议员眼中，中国并非巨大威胁。他们认为，在对华政策上，美国政治圈形成了一个左派和右派联合反对中间派的奇怪联盟。中国每年 8%~9% 的经济增长率使得其国民生产总值在不到 20 年的时间里增加到原来的 3 倍。如果按照每年 6% 的增长率计算，那么 30 年后中国的经济总量将达到 16 万亿美元。亚洲开发银行预计，到 2025 年，中国的人均收入将达到美国人均收入的 38% 左右。[13] 不过，这种线性预测有待商榷，因为中国存在着国有企业、银行体系风险和货币价值等问题。如果中国在发展过程中没能进行必要的改革，那么它的发展瓶颈和日益扩大的收入差距将极大地减缓其经济增长速度。即使中国高速发展，其人均收入也远远落后于美国和日本。

随着经济的增长，中国的军事实力在未来几十年内也可能会增强。即使这种军备提升并没有使中国成为一个全球性大国或者在亚太区域内与美国实力相当，但它的确让中国看上去对邻国更具有威胁性。中国实力的增强也意味着美国在东亚和太平洋地区的任何军事行动都将比现在花费更大的力气，消耗更多的资源。换句话说，中国作为一个军事大国的崛起，一如它在经济上的崛起一样，必须作为区域内一个新的因素严肃对待。不过，中国不会挑战美国在全球的霸主地位，而只要美国继续留在东亚、与日本保持同盟关系，那么中国也无法在东亚取得主导地位。

1995 年的《东亚和太平洋地区安全战略报告》并没有

给予台湾问题太多重视，但台湾问题是美国对华政策的核心。如果美国能够一直在台湾问题上保持一种动态的平衡，那么随着台湾助力大陆的改变，双方的分歧可能会减少。克林顿总统在上海演讲时，本来可以清楚地说明这一点。他在重申“三不”原则的时候，本可以加上第四“不”——不使用武力。而那些敦促美国国会通过立法公开承诺美国在任何情况下都保卫台湾的人，可能会鼓励台湾政客冒险，这可能会使美国卷入不必要的冲突。我认为最好“不要轻举妄动”。

美国在东亚和太平洋地区的第三个安全挑战是朝鲜问题。朝鲜的情况比较特殊。2000 年 6 月，韩国领导人金大中与朝鲜领导人金正日举行了会晤。这是一件历史大事。朝鲜同意在与美国会谈期间冻结导弹试验，就是 1999 年美国国防部前部长威廉·佩里发起的一项倡议中的第一个可喜的成果。如果按照这个势头继续发展，那么该区域的一大安全威胁就降低了。

另外，朝鲜局势依旧高度不稳定。对于美国人和其他外部人士来说，神秘又与世隔绝的朝鲜政权仍然难以捉摸。朝鲜拥有超过 100 万人的军队，其中 2/3 驻扎在非军事区[①]的 100 公里范围内，继续构成常规军事威胁。尽管宁边核设施

① 根据 1953 年 7 月 27 日签署的《朝鲜战争停战协定》，交战双方在北纬 38 度线附近的实际控制线成为军事分界线，东西长 248 公里，分界线南北两侧各 2 公里以内为非军事区。——译者注

已被冻结并接受了国际原子能机构的调查，但是如果平壤驱逐调查员，那它将会获得足够制造 6 枚核武器的钚。一些观察家认为，这些威胁更多是表面上的，并不一定构成实质性的威胁。尽管朝鲜的经济状况削弱了其常规部队的战备状态，框架协议也冻结了它的核设施，但仍然存在风险。实际上，在绝望的情况之下，风险只会继续增加。试想如果一个人站在一座被大火吞噬的十层楼房的楼顶，所有的出口都被封堵了，纵身一跳会有 5% 的生还概率，但如果他待在原地，就会百分之百丧生，那么在这种情况下，尽管生存概率很低，他也会选择跳下去。所以，危险就在于朝鲜可能会出于绝望而采取这样高风险的行动。倘若如此，整个朝鲜半岛将迎来毁灭性的后果。正确的应对之策应该是，保持韩国和美国军队的高度戒备以阻止这种情况发生，同时也要为朝鲜提供其他出路。

朝鲜近来的温和姿态可能就是这种组合政策的产物。金正日能否在不失去政治控制的情况下开放朝鲜的国家经济是非常值得怀疑的，而且经济开放可能会遭遇挫折。即使有持续的进展，速度也可能非常缓慢。因此，美国在韩国的驻军可能会保留一段时间。此外，金大中报告称，金正日已经赞同美国应在韩国维持军事存在，以制衡朝鲜半岛周边的中国、俄罗斯和日本等大国势力。[14] 朝鲜领导人这番令人瞩目的发言说明，作为一个处于邻国巨大阴影下的国家，即使是一个统一的朝鲜半岛，也可能有强烈的动机来维持与美国的同盟关系。

不过，如果朝鲜的威胁降低，那么美国国内将会施压削减 3.7 万名驻韩美军，美国政府需要准备好积极应对。在韩国维持少量的驻军，这样日本就不是美军在该区域唯一的驻扎地了。即使如此，美国也应该减少驻日美军的数量，尤其是在冲绳。实施冲绳特别行动委员会的建议是第一步，推出新的部署计划，将部分美国海军陆战队成员转移到澳大利亚和关岛也会有帮助。另外，更新后的战略部署将在东南亚建立更多的后勤合作、维修和培训设施，譬如目前与新加坡的合作。重点是，不应让 10 万驻军仅仅被当成一个符号。美国未来的计划应该侧重于战略保障，而非军队的数量。

结论

与 19 世纪中叶的英国一样，冷战后的美国是一个具有优势的大国，而非一个具有支配力量的大国。如果一项公共产品（例如国际秩序）的最大受益者不带头维护它，那么没有人会维护它。维护区域内的权力平衡、促进开放型国际经济、维护公地秩序（譬如国际海洋法）是身为大国的传统责任。在这样的框架下，经济和社会变革将促进区域内国家间的相互依存，就如同欧洲一样，从而在长期维度上改变该区域。

担任稳定器和防止敌对霸权主义国家崛起的角色，非常符合美国的国家利益。美国将持续介入世界事务，因为重大的事件或参与者会引发重大的安全威胁，也因为美国希望在防止大规模杀伤性武器扩散、恐怖主义、人权和环境等问题上影响遥远的政府和组织。

美国在东亚的存在极好地证明了这一点。美国参与这个世界上经济最富有活力的区域之一也会让美国从中受益。为了保护这些利益，美国与日本结盟、将中国当作一个正常国家进行接触依然是适宜的长期战略。

美元与巨龙[①]

经济和贸易是影响中美关系的核心因素。过去10年来，一个基本上没有变化的事实是：中国拥有大量的美元储备。作为双方讨价还价的筹码，这一事实被政治人物和整个社会用来渲染中美关系的色彩。但是，一旦情况发生巨变，中美双方可能会两败俱伤。

过去几年来，美国官员一直在敦促中国重新评估人民币的汇率。他们抱怨说，人民币被低估代表着不公平竞争，破

① 初发表于世界报业辛迪加网站（2010年7月12日）。Joseph S. Nye Jr., "The Dollar and the Dragon," Project Syndicate, July 12, 2010, https://www.project-syndicate.org/commentary/the-dollar-and-the-dragon?barrier=accesspay.

坏了美国的就业机会，并导致了美国对华贸易逆差。在这种情况下，美国的官员应当如何应对呢?

最近，在二十国集团多伦多峰会之前，中国宣布了一个允许人民币适度升值的方案。不过，一些美国国会议员依然不满，威胁要提高对中国商品的关税。

美国从中国进口商品，用美元支付，于是中国持有美元，累积了2.5万亿美元的外汇储备，其中大部分是美国国债。对一些观察家来说，这意味着全球权力平衡的根本性转变，因为中国可能通过威胁出售美元储备而让美国屈服。

然而，如果中国真的选择这么做，那将是“杀敌一千，自损八百”。中国不仅会因为美元贬值而导致其美元储备价值降低，还会危及美国继续进口中国廉价商品的意愿。后者对中国来说，意味着就业机会损失和社会不稳定。

判断经济层面的相互依存是否会产生权力，需要考察不对称的平衡，而不是只关注等式的一侧。在这种情况下，相互依存产生了类似于冷战的“金融恐怖平衡”。冷战时期，美国和苏联从未利用自身的核潜力摧毁对方。

当然，目前的这种平衡并不能保证稳定。总是有一些行动可能会导致意外后果，尤其是两国都可能会改变目前的框架来降低自身的脆弱性。例如，在2008年金融危机之后，美国向中国施压让人民币升值，而中国央行的官员表示美国应该增加储蓄，减少赤字，并利用国际货币基金组织发行的特别提款权来补充美元作为储备货币的作用。

中国不断增强的金融实力也许使其在回绝美国的请求时更有底气，但是，尽管前景预测很糟糕，中国作为美国债权人的角色并不足以迫使美国改变自己的政策。

鉴于目前人民币仍无法实现自由兑换，在未来10年内，人民币不可能挑战美元作为世界最大储备货币（超过60%）的地位。

不过，中国正在逐步增加国内消费，而不是仅仅依赖出口这个经济增长引擎。中国领导人可能开始觉得，他们不必像现在这样依赖美国市场来创造国内就业。这一点对于中国国内的政治稳定至关重要。在这种情况下，维持人民币的地位将有利于在大量进口的情况下保持贸易的收支平衡。

货币市场的不对称性是经济实力的一个特别重要的方面，因为货币市场是全球贸易和金融市场的基础。不妨比较以下两种情况。国际银行和国际货币基金组织在1998年对印度尼西亚和韩国施行约束。而美国因为债务以美元计价而拥有相对的自由，通过增加政府开支来应对2008年的金融危机。结果是，美元并没有走弱，反而由于投资人依旧相信美国作为避风港的潜在实力而变得强劲。

显而易见，一个国家的货币在国际储备货币中占据的比例越高，那么这个国家必然会从中获得越多的国际权力。这要归功于这个国家经济调整的便捷性和影响其他国家的能力。

法国总统戴高乐曾经抱怨道：“既然美元是全世界的参考货币，那么对它管理不善的后果将会由所有人来承担。这是不可接受的，也是不能持久的。”

然而，事实就是如此。美国的军事和经济实力增强了人们对于美元作为避风港的信心。一位加拿大分析家指出：“先进的资本市场和捍卫该市场的强大军事力量，以及其他安全措施，诸如保护知识产权的强大传统和缴纳国际机构会费的好名声，所有这些因素加起来使美国得以轻松地吸引资本。”

二十国集团正在关注“重新平衡”资金流动的必要性，改变旧有的美国赤字搭配中国盈余的模式。这需要消费和投资在政治上的艰难转变，美国需要增加国内储蓄，而中国需要增加国内消费。

这些改变都不可能是一蹴而就的。目前，双方都不急于打破相互依存的脆弱平衡。但是，双方也都在继续争夺塑造两国市场关系的结构和制度框架。为了全球经济，让我们希望中美双方都不要出现误判。

中国会取代美国吗？[1]

一个大国的崛起常常会引出它是否会取代另一个大国的问题。这正是当前中国及其相对于美国的崛起所面临的问题。不过，如果说中国正在超越美国，那么我们要弄清楚中国究竟在什么意义上超越美国。即使中国的国内生产总值达到了美国的水平，两个经济体规模大致相当，但经济成分构成并不一样。要实现可持续增长和在全球取得成功，中国面临的障碍要远超许多预测的情况。

21 世纪正在见证亚洲重新恢复到其历史上在世界人口和

① 初发表于世界报业辛迪加网站（2011 年 4 月 7 日）。Joseph S. Nye Jr., “Is China Over-taking America?”, Project Syndicate, April 7, 2011, https://www.project-syndicate.org/commentary/is-china-overtaking-america-2011-04?barrier=accesspay.

经济中所占的比例。18 世纪，亚洲占全球人口和产出的一半以上。到 1900 年，它只占到世界产出的 20%。这倒不是因为亚洲遭遇祸事，而是因为工业革命已经将欧洲和北美变成了世界工厂。

亚洲的复兴始自日本，接着是韩国，再到以新加坡和马来西亚为首的东南亚。现在，亚洲复兴的中心是中国，印度也逐渐成为复兴的焦点，在这个过程中数亿人摆脱了贫困。

然而，这种变化也引发了对国家间权力关系变化的担忧。2010 年，中国超越日本成为世界第二大经济体。事实上，投资银行高盛预计，2027 年中国经济总量将超过美国。

然而，即使中国的国内生产总值在 21 世纪 20 年代达到美国的水平，这两个经济体在成分构成上也是不一样的。中国仍将有广大的欠发达农村地区。假设 2030 年之后，中国的国内生产总值增长率保持在 6%，而美国的仅为 2%，那么中国的人均收入——一个衡量经济水平更好的指标——也要到 21 世纪下半叶的某个时候才能与美国持平。

此外，对经济增长趋势的线性预测可能具有误导性。新兴国家在经济起飞的早期阶段往往从技术引进中受益，然而随着发展水平提高，经济增长速度通常都会放缓。中国经济要实现可持续的快速增长面临着重重阻碍，诸如国有企业的效率问题、日益加剧的不平等、大规模的人口流动、社会保障体系不健全和制度不完善等。这些因素都有可能导致政治不稳定。

在发展中国家中，几乎只有中国面临人口快速老龄化的问题。到 2030 年，中国需要赡养的老龄人口数将超过需要抚养的儿童数量。一些中国人口学家担忧，这个国家会未富先老。

过去 10 年间，中国从全球第九大出口国跃升成为第一大出口国，取代了德国位居榜首。但是，随着全球贸易和金融平衡争议越来越大，中国出口导向型的发展模式需要进行相应的调整。事实上，中国的“十二五”规划就旨在促进内需，减少对出口的依赖。问题是，这一举措会起作用吗?

到目前为止，中国的政治体制在实现特定目标方面表现亮眼，例如，成功举办北京奥运会，建设高铁，刺激国家经济从全球金融危机中复苏。但是，对于外界和中国领导人自己来说，中国能否长期保持这种能力仍是一个谜。

中国能否制订出一套方案来管理不断扩大的城市中产阶层、区域发展不均衡等问题，还有待观察。但是，一个基本观点是，没有人——包括中国人自己在内——知道中国的政治未来将会如何影响其经济增长。

一些分析人士认为中国有意要挑战美国的世界主导地位。即使这是对中国意图的准确评估（即便是中国人也无法获知其后代的想法），中国是否拥有足够的军事实力来实现这一目标也是值得怀疑的。中国的军费开支今年的确增长了 12% 以上，这个速度甚至超过了经济增长速度。但是，中国领导人将不得不应对其他国家的反应，以及为了实现经济增长目标而需要的外部市场和资源配置的限制。

中国如果采取过于坚定的军事姿态可能会促使其邻国形成反制联盟，由此削弱中国的硬实力和软实力。如此一来，中国更难将美国排除在亚洲的安全框架之外了。

几乎可以肯定的是，中国的体量和经济的高速增长会增强其在未来几十年相对于美国的实力。这必定会让中国在权力资源上更接近美国，但并不一定意味着中国会超越美国成为最强大的国家。

即使中国国内没有遭遇重大挫折，目前许多仅仅基于国内生产总值增长趋势的预测也过于单一了：它们忽略了美国的军事和软实力优势，以及中国在亚洲内部权力平衡中的地缘政治劣势。我预测，未来更有可能的情况是：中国在 21 世纪上半叶与美国在经济上旗鼓相当，但其整体实力不会超过美国。

最重要的是，美国和中国都应避免对对方的能力和意图产生过度的担忧。担心发生冲突本身就会成为引发冲突的原因。事实上，中美之间并没有深层次的利益冲突。这两个国家，连同其他国家一道，都可以从合作中获益更多。

金融危机与中美误判[①]

尽管有人曾经预测2008年金融危机之后，美国作为世界领导者的地位会有所下降，处于上升期的中国可能会取而代之，但显然，事情的发展并不会如此简单。不过，这两个大国的协同合作会让双方获益更多。

美国的衰落与中国的崛起已然成为一个流行的话题。对于持有这种论调的人来说，似乎没有什么比2008年金融危机以及随之而来的全球经济大衰退更明显的信号了。负债累累

① 初发表于中美聚焦网（2011年4月28日）。Joseph S. Nye Jr., “The Financial Crisis and US-China Misperceptions,” China-US Focus, April 28 , 2011, https://www.chinausfocus.com/foreign-policy/the-financial-crisis-and-us-china-misperceptions.

的美国看着自己那“帝国的明珠”——华尔街跌跌撞撞地倒下；而在大洋彼岸的中国，庞大的工厂出口激增，于是中国成了美国的债权人，手中持有超过2.5万亿美元的外汇储备，其中大部分是美国债券。

俄罗斯总统梅德韦杰夫警告说，美国的全球领导地位即将终结。高盛甚至提出了一个具体的时间——2027年，认为在这一年中国的经济规模将超越美国。

正如我在《权力大未来》一书中所指出的那样，我们应该警惕从周期性事件出发去推断长期趋势。尽管很少有人认为中国在未来20年内会在军事实力上超过美国，但仍有许多人认为2008年的这场危机给经济和软实力关系带来了变革性的影响。因此，关注危机的影响对分析中美之间的权力关系至为重要。

中国充分表明了其对软实力概念的兴趣，即通过吸引而非胁迫来展现权力。2007年，中共十七大报告中出现了这个词。所以，中国大力投资软实力，就一点也不足为奇了。从2008年北京奥运会到2010年上海世博会，再到打造24小时对外英文广播频道，从在世界各地建立数百个孔子学院到创建世界一流大学，中国既在创造令人瞩目的成就，又在讲述一个令人信服的大国崛起故事。中国还调整了外交方针，加入了全球及区域组织，在国际谈判中发挥重要作用并释放善意。但是，这种软实力也有其局限性。

美国的软实力种类多元、来源丰富。从好莱坞到哈佛大学，从麦当娜到盖茨基金会，从马丁·路德·金的演讲到奥巴马的当选，都是美国软实力的来源。尽管人们看到了中国在应对 2008 年金融危机时发挥的作用，但是美国的软实力依然强大。

中国令人印象深刻的经济增长增强了其软实力，显然也增强了其经济和军事硬实力。分析人士指出，中国有着看似不可阻挡的增长趋势和大量的美元外汇储备。但是，中国也许需要考虑相互依存关系中的对称性在创造和限制经济权力中的作用。如果我对你的依赖远大于你对我的依赖，那么你必然获得更多的权力。但是，如果我们对对方的依赖是均衡的，那么一方就难以凌驾于另一方之上。

由于中国可以通过威胁出售其美元储备来迫使美国屈服，一些观察家将中美关系的此消彼长描述为全球权力平衡的巨大转变。问题是，如果中国这么做，那么不仅会使其美元储备的价值随着美元的贬值而下降，还会危及美国继续进口中国廉价商品的意愿，后者意味着中国国内就业机会丧失和社会不稳定。因此，中国抛售美元储备是一个“杀敌一千，自损八百”的选择。这种情况类似于冷战时期的恐怖平衡，即军事侵略的代价是双方不可避免的共同毁灭。于是，中美双方都希望能保持相互依存的平衡关系，尽管它们仍然在争夺塑造两国市场关系的结构和制度框架。

但是当前的紧张局势的确为一些敦促“遏制”中国的美国分析家提供了口实。

遏制政策是为上一个时代设计的。它不是美国现在的政策，或者说不应该是美国现在尝试的政策。在冷战初期，遏制政策意味着对苏联进行经济孤立，并建立北大西洋公约组织这样的区域性联盟以阻止苏联的军事扩张。后来，令“遏制政策之父”乔治·凯南感到懊恼的是，这一理论导致了越南战争的升级，形成“多米诺骨牌效应”。

冷战时期的遏制政策的其他背景是，双方几乎没有贸易往来和社会层面的接触。但是，今天的中国绝非当年的苏联。中国并不谋求全球霸权。而且美国不仅与中国有着巨大的贸易往来，还有着大量的学生和游客交流。

克林顿政府时期，我在 1994 年参与国防部东亚战略的制定工作时，美国拒绝采取遏制策略的原因有两点：如果美国把中国视作敌人，它将来必定会成为美国的敌人；如果美国把中国当作朋友，我们就会为迎来一个更加和平的未来创造可能性。

美国设计了一个“融合但限制”（integrate but hedge）的策略，有点类似于里根总统的“信任，但要核查”（trust but verify）策略。美国支持中国加入世界贸易组织，并接受中国的商品和游客。但在 1996 年发表的一份声明中，美国重申美日两国战后签署的《日美安全保障条约》是东亚太平洋区域稳定和繁荣的基础。克林顿总统也开始着手改善与印度的关系以制衡中国的崛起。

这一战略赢得了美国两党的共同支持。小布什总统在加深与中国经贸关系的同时，持续改善与印度的关系。他的副国务卿罗伯特·佐利克曾明确表示，美国将接受中国作为一个“负责任的利益相关者”崛起。

奥巴马提出的“亚洲再平衡”战略包括将海军资源转移到太平洋，涉及贸易、人权和外交举措。正如他的国家安全顾问托马斯·多尼隆在2012年11月的发言，中美关系“既有合作又有竞争”。

亚洲并不是铁板一块，其内部势力平衡应该成为美国战略的关键。除非中国能够通过成功提升“软实力”吸引盟友，否则中国不断发展的军事及经济“硬实力”可能会让它的邻国因为忌惮而联合起来制衡它。

美国大规模的军事和经济存在有助于维持亚洲的权力平衡，并形成一个刺激中国合作的环境。在2008—2009年的金融危机之后，一些人错误地以为美国陷入了长久的衰落之中，而这种衰落为中国带来了新机遇。

但是，美国面向亚洲的再平衡不应过于激进。美国应该谨记凯南先生对于过度军事化的警告，确保中国不会感到被包围或受到威胁。世界上最大的两个经济体在应对全球气候变化、大流行病、网络恐怖主义和防止核扩散方面合作，将获益良多。

随着中国越来越依赖于中东的能源，美国应当针对海事监管展开磋商，确保船只的航行自由，并将中国纳入太平洋海军演习之中。美国应当帮助中国开发国内能源，譬如页岩气，也应当鼓励中国和日本重启 2008 年的一项联合勘探海底天然气的计划。与此同时，美国应当阐明，如果中国满足一定的标准，就可以加入《跨太平洋伙伴关系协定》（TPP）谈判。这是一项针对环太平洋区域提出的自由贸易协定。

面对一个崛起中的中国，遏制政策根本不是一个合理的政策工具。所谓权力，就是一种获得自己想要的结果的能力。有时候，与他国合作比单纯压制对方可以让自己获得更大的权力。

中美关系的未来[①]

随着中国的日益强大，有关“新型大国关系”的讨论进入人们视野，其中对美国“亚太再平衡”战略的讨论成为一个重要话题。一些人认为中美之间未来必然会发生冲突。人为的错误和误判总有可能发生，但只要做出正确的选择，冲突并非不可避免。

目前，中国提出的“新型大国关系”这一表述的含义仍有些模糊。一些美国人担心这是中国试图搅乱美国联盟关系的手段。中国学者则回应称，这是一种真诚的努力，旨在避

① 初发表于中美聚焦网（2015 年 3 月 10 日）。Joseph S. Nye Jr., “The Future of US-China Relations,” China-US Focus, March 10, 2015, https://www.chinausfocus.com/foreign-policy/the-future-of-us-china-relations.

免一个新兴大国与一个守成大国之间发生碰撞，而正是这种碰撞在历史上导致了伯罗奔尼撒战争和一战。

展望未来，悲观主义者预测，随着中国变得日益强大，美国将被逐出西太平洋，一场冲突即将到来。一些人提出，如果美国将其活动和势力范围限制在东太平洋，双方就可以避免冲突。然而，美国如若以这样的方式应对中国的崛起，那么美国的信誉将会受损，并导致区域内的其他国家追随中国而非与之抗衡。相反，美国在西太平洋的持续存在会加强区域内其他国家自发的制衡反应，并有助于形成一种促进中国采取负责任行为的大环境。

面对中国的崛起，美国恰当的战略应该是在现实主义与融合政策之间找到平衡。当克林顿政府在 20 世纪 90 年代首次考虑要如何应对中国的崛起时，一些批评人士曾主张在中国变得过于强大之前采取遏制政策。这一主张未被接纳的原因有二。首先，不可能建立一个反华联盟，因为该区域的大多数国家都希望（并且现在仍然希望）与中美两国同时建立良好的双边关系。其次，更为重要的是，这样的政策将来会造成不必要的敌对关系。正如我在美国国防部负责东亚事务时多次在演讲中表示的那样，如果美国把中国视作敌人，那么它将来必定会成为美国的敌人。

美国后来选择了一种可以被称为“融合与保障”（integrate and insure）的策略。美国欢迎中国加入世界贸易组织，但是

《日美安全保障条约》被重申以确保中国不会霸凌其他国家。如果一个崛起的中国到处耀武扬威，那么它的邻国必将想方设法予以制衡。

这是评估中美相对实力的一个关键点。正如阎学通在谈到中国如何战胜美国时所写的那样，“要想为自己的崛起营造一个友好的国际环境，中国需要发展出比美国质量更高的外交和军事关系。没有任何一个大国能够与世界上所有的国家交好，因此中美之间竞争的核心就在于谁拥有更优质的朋友”。在这一点上，美国的关系网和联盟更有优势，美国有 60 个签订条约的盟友。在政治结盟方面，《经济学人》估计在世界上最大的 150 个国家中，有近 100 个国家倾向于美国，还有 21 个国家要依靠美国。

2011 年，美国发布了面向世界上经济增长最快的区域——亚洲的再平衡战略。一些中国人将奥巴马政府提出的亚太再平衡政策看作一种遏制政策，但与冷战时期不同，在遏制政策下美国与苏联几乎没有任何贸易往来和社会联系，而今天的美国与中国不仅有大量贸易往来，还有超过 30 万中国留学生在美国大学交流学习。因此，对美国的对华政策更加准确的描述是：为中国的决策塑造一个大环境。

一些分析人士将中国视作一个修正主义国家，认为随着国力增强，中国急于推翻既有国际秩序。然而，中国并不是 20 世纪的纳粹德国或苏联那样的修正主义国家。尽管中国参与创建了金砖国家新开发银行，并推动建立了一些适合其需求的区域组织，但实际上中国从联合国、国际货币基金组织和世界贸易组织等现有的国际机构中受益颇多，它并不想要破坏这些国际组织。美国的盟友帮助营造出鼓励中国采取负责任行为的大环境，而中国也很爱惜自己的羽毛。

此外，技术和社会变革为全球的议程增添了一些重要的跨国议题，譬如气候变化、大流行病、恐怖主义、有组织的犯罪和网络犯罪。这些问题不仅代表着国家之间的权力转移，更意味着权力从政府手中分散了出去。应对这些全球性威胁，需要加强中国、欧洲和美国及其他各方的合作。

中国渴望在东亚发挥更大的作用，扮演更重要的角色，而美国也有一众需要它承担防御责任的亚洲盟友。误判总有可能发生，但冲突远非不可避免。中国政府的合法性主要依赖于中国经济的高速增长，中国高层领导人意识到中国仍需数十年的发展才能接近美国经济的水平。相比于德国曾紧追英国（并在工业实力方面超越英国）的历史，美国在全球范围内的整体军事、经济和软实力等资源仍领先中国数十年。另外，中国也承受不起帝国时期的德国所采取的那种政策。过于冒进的政策会危及中国国内外的收益和稳定。

换言之，与一个世纪前的英国相比，美国有更多的时间来处理与一个崛起中大国的关系。中国也比当年的德国有更多的动力来约束自己。如果美国继续避免使用遏制战略，而中国也接受美国在西太平洋存在的合法性，那么中美两国就具备了建立新型大国关系的契机。中美两国是否会设法发展这样一种关系，就是另外一个问题了。人为的错误或误判总是有可能发生的。但是，只要做出了正确的选择，冲突也并非不可避免。

中美竞合关系[1]

中美关系进入了一个新阶段，但是用“新冷战”这种说法来类比中美关系具有误导性，更为恰当的说法是“竞合关系”。尽管美国在战略上保持着优势，但是在越来越多的问题上，任何一方都不可能单打独斗。

我在 2018 年 10 月访问北京期间，经常有人问我，美国副总统迈克·彭斯最近对中国的严厉指责是否标志着一场新冷战的开始。我回答说，中美关系的确进入了一个新阶段，

---

① 初发表于世界报业辛迪加网站（2018 年 11 月 6 日）。Joseph S. Nye Jr., “The Cooperative Rivalry of US-China Relations,” Project Syndicate, November 6, 2018, https://www.project-syndicate.org/commentary/china-america-relationship-cooperative-rivalry-by-joseph-s-nye-2018-11?barrier=accesspay.

但是用冷战来比喻则有误导性。

冷战期间，美国和苏联均有数万枚核武器瞄准对方，而且双方几乎没有任何的贸易往来和文化交流。相比之下，每年中美双边贸易总额超过 5 000 亿美元，超过 30 万中国留学生到美国学习，还有 300 万中国游客前往美国旅游。因此，用“竞合关系”来形容如今的双边关系可能更为恰当。

自二战结束以来，中美关系经历了三个阶段，每个阶段大约持续 20 年。朝鲜战争结束后，中美互相敌对了 20 年，在尼克松总统 1972 年访华后，双方开启了对抗苏联的有限合作。

冷战结束后，两国关系进入第三个阶段，以经济接触为特征，美国帮助中国融入全球经济，如中国在 2001 年加入世界贸易组织。在冷战结束后的第一个十年里，克林顿政府通过加强美日同盟和改善与印度的关系来对冲风险。如今，自 2017 年以来，美国国家安全战略的重点是大国竞争，而中国和俄罗斯被指定为主要竞争对手。早在 2016 年美国总统大选之前，美国国内对中国的传统认知就已经开始变质。特朗普总统的言辞和关税政策无异于火上浇油。

自由国际秩序帮助中国维持了快速的经济增长并大幅消除了贫困。然而，中国也通过采取适当措施，在贸易领域获取优势。尽管大多数经济学家认为，特朗普总统将注意力集中在双边贸易逆差上是错误的，但很多人支持他对中国挑战美国技术优势的不满。

此外，中国不断增长的军事实力为双边关系增加了一层国家安全考量。尽管由于双方高度的依存关系，中美第四阶段关系并不是一场冷战，但也绝不是像最近美国与加拿大就乳制品市场准入问题发生的那种典型的贸易争端。

一些分析人士认为，中美关系的第四阶段标志着一个守成霸主与一个崛起的挑战者冲突的开始。在分析伯罗奔尼撒战争的原因时，修昔底德提出了一个著名的论断——战争的爆发源于斯巴达对崛起的雅典的恐惧。这些分析人士认为中国的崛起将在美国引发类似的恐惧，并以一战为例，当时崛起的德国让霸主英国感到不安。然而，实际上一战的成因要复杂得多，其中包括德国对日益强大的俄国感到恐惧，民族主义在巴尔干半岛以及其他国家的抬头，以及哈布斯堡王朝为避免衰落而孤注一掷的冒险。

更重要的是，德国的工业产出在 1900 年已经超过了英国。然而，目前中国的国内生产总值（以美元计）仅为美国经济体量的 3/5。与英德之间相比，美国有更多时间和资本来应对中国的崛起。中国还受制于亚洲自发的权力平衡。

屈服于修昔底德所描述的那种恐惧，对美国来说是一个没有必要的自我实现的预言。幸运的是，民意调查显示，美国民众并没有相信这种歇斯底里的说法，认为中国是与冷战时期的苏联一样强大的敌人。中国和美国都没有对对方的生存构成威胁。

我最近对东京的访问让我确信美日联盟是牢固的。如果特朗普政府维护好美日同盟，美国被赶出西太平洋的可能性微乎其微，更不用说主导世界了。美国手握更好的战略底牌，根本不用屈服于修昔底德式的恐惧。

此外，还有另外一个维度让中美关系的第四阶段成为“竞合关系”而非冷战。中美双方都面临着没有对方就无法解决的跨国挑战。气候变化和海平面上升遵循的可是物理法则，而非政治法则。随着边界越来越容易被非法毒品、传染病、恐怖主义等渗透，全球最大的两个经济体之间只有协同合作才能应对这些威胁。

中美关系的某些方面还会产生双赢的局面。美国的国家安全需要中国的协力，而不只是压制中国。关键是，美国能否从“竞合关系”的角度进行思考？美国能“一心二用”吗？在民粹民族主义泛滥的时代，政客们更容易在民众中制造对于一场新冷战的恐惧。

相互依存对中美是双刃剑[①]

特朗普政府的国家安全战略将中国定义为美国的所谓“战略威胁”。问题是中国带来的究竟是一种怎样的威胁？美国又能承受与中国牵涉多深？反复互动可以培养出合作性的克制和互惠，但相互依存——在这种情况下，不破坏现状更符合一个国家的普遍利益——则是系统性的。

随着新冠疫情的暴发，大自然提醒了我们中美两国在经济上是何等的深度关联。然而，美国政府中的一些人制定了

① 初发表于《金融时报》（2020 年 2 月 4 日）。Joseph S. Nye Jr., “For the US and China, Interdependence is a Double-Edged Sword,” *Financial Times*, February 4, 2020, https://www.ft.com/content/b3f5e946-4441-11ea-9a2a-98980971c1ff.

与中国进行第二次冷战和经济脱钩的战略，这让两国政治也陷入纠葛。

经济交流能为双方带来福祉，但它也可以被用作战略武器。特朗普政府的国家安全战略将中国定义为美国的所谓"战略威胁"。问题是，中国带来的究竟是一种怎样的威胁？美国又能承受与中国牵涉多深？

要理解中美之间的权力关系与相互依存，就得先了解美国的战略目标。如果美国与中国的关系是一种零和博弈，那么两国之间的相互依存度越低越好，尽管在军事和环境领域，一定程度的相互依存是不可避免的。

然而，如果将全部注意力都放在将经济脆弱性作为可资操纵的武器，战略家们就会忽略相互依存也可以产生稳定威慑的积极作用。惩罚和拒绝是经典的威慑概念的核心，但它们不是唯一的劝诫方式。建立深度关联是另一个重要手段，它可以让身在其中的一方看到某个行动的成本有时会超过收益，在损人的同时并不利己。

对经济相互依存会保证和平这种粗略的见解，有批评者指出，一战就能证明这种联系并不能阻止主要贸易伙伴之间发生灾难性的冲突。确实如此，但这种论调又因为全然否认相互依存可以降低冲突的可能性而显得矫枉过正。作家诺曼·安吉尔等人在1914年之前，曾经错误地以为经济相互依存使得战争成为不可能。但是，他们认为战争的成本会因为依存关系而大大增加的看法并没有错。

当然，误判总是可能会导致冲突。1914 年，大多数欧洲领导人错误地认为，战争会是短期的，成本是有限的。美国与日本之间的贸易往来也没能阻止日本袭击珍珠港，尽管这部分是由于美国对日本的出口禁运。禁运操纵了经济上的相互依存，这令日本人担心如果不冒险发动攻击，他们就会被扼杀。

深度关联有时也被称作“自我威慑”。这个术语本身不应成为分析人士忽视其重要性的原因。认为成本将超过收益的看法可能是正确的，自我抑制可能源于对利益的理性计算。然而，我们应该记得，对目标的认知虽然重要，但它不是威慑中唯一重要的认知。这也应该提醒我们，国际威慑关系是复杂机构之间的一系列反复互动，这些机构并不总是单一行为体。此外，这些行为体可以以不同的方式调整其认知。中美之间的经济关系就是一个很好的例证。

正如政治学家罗伯特·阿克塞尔罗德所表明的那样，反复互动可以培养出合作性的克制和互惠。另外，相互依存——在这种情况下，不破坏现状更符合一个国家的普遍利益——则是系统性的。

这并不意味着我们应该忽视相互依存的战略成本。但是，我们不应该让错位的恐惧导致两国全面脱钩。当然，相互依存本身是一把双刃剑。不过，谨慎使用这把剑也会有助于战略稳定。

与中国的冷战是可以避免的[①]

有人说特朗普总统给拜登总统留下了一场新冷战。但现在中美之间还没有发生冷战，而特朗普也并不是问题的唯一根源。与苏联不同，美国不可能在不付出任何代价的前提下将美国经济与中国完全脱钩。毋庸置疑，中美之间存在着严重的问题。因此，美国需要制定一个广泛的对华战略，包括避免事故、危机管理和保持高层沟通的机制与流程。

中美关系目前处于过去50年来的最低点。有人说特朗普总统给拜登总统留下了一场新冷战，并将其定义为没有硝烟

① 初发表于《华尔街日报》（2020年12月30日）。Joseph S. Nye Jr., “Cold War with China is Avoidable,” *Wall Street Journal*, December 30, 2020, https://www.wsj.com/articles/cold-war-with-china-is-avoidable-11609347643.

的激烈竞争。但现在，中美之间还没有发生冷战，而特朗普也并不是问题的唯一根源。

然而，认为美国可以在不付出巨大经济成本的前提下将美国经济与中国完全脱钩则是错误的。这也是为什么冷战的比喻具有误导性。在冷战时期，苏联对美国构成了直接的军事和意识形态威胁，美苏之间几乎不存在经济和社会层面的相互依存关系。但是，美国与中国的双边贸易额每年超过5 000亿美元，更不用说还有数以百万计的游客等社会层面的交流。

美国及其盟国受到的影响来自与中国在经济和政治上相互依存的复杂机制。更多国家将中国而不是美国当作主要贸易伙伴。与构成安全威胁的部分进行脱钩是必要的，但全面的经济脱钩代价高昂，很少会有盟友跟进。

此外，在应对气候变化和大流行病等生态相互依存方面，物理和生物法则使脱钩根本不可能，因为没有一个国家可以凭借一己之力解决这些跨国问题。全球相互依存的政治关系既涉及对他者行使权力，也涉及与他者一起行使权力。无论如何，美国都已经进入与中国的“竞合关系”。我们需要一种能够实现两种相矛盾的目标的战略。这种战略绝对不是冷战时期的遏制战略。

应对中国的挑战需要更加复杂的战略，需要将美国在国内外的硬实力和软实力结合起来，以捍卫自身并加强基于规则的国际体系。一些悲观主义者看到中国的人口规模和经济增长率后，认为这是一项不可能完成的任务。其实，如果美国将自己的盟友视为资产而不是拖累，那么西方民主国家的财富总和在21世纪内将远远超过中国。

新冷战的可能性不能被完全排除。正如亨利·基辛格所警告的那样，目前的情形更像是1914年的情况，而不是1945年，当时所有大国都预计，发生的不过是短暂的第三次巴尔干战争。然而，它们却卷入了一场持续4年的世界大战，这场战争摧毁了4个帝国。一个成功的战略必须防止出现这种“梦游综合征”。

如果美国以冻结中国资产或援引《对敌贸易法》作为回应，那么世界可能会迅速地陷入一场真正的冷战，甚至是一场热战。拜登政府需要制定一个广泛的战略来应对中国的挑战，必须包括避免事故、危机管理和保持高层沟通的机制与流程。否则，中国、美国和整个世界都可能陷入灾难性的后果。

中美竞争的逻辑[①]

美国总统拜登的对华政策能否成功，将取决于两国能否在生产全球公共产品方面进行合作，同时在其他领域展开竞争。中美关系是“竞合关系”。这种竞争需要对矛盾的双方予以同等重视。然而，要做到这一点并不容易。

中美之间的大国竞争如若处理不当，情形可能会非常危险；但若处埋得当，竞争将会是有益的。

拜登政府的对华政策能否成功，部分取决于中国，但部

① 初发表于世界报业辛迪加网站（2021 年 5 月 6 日）。Joseph S. Nye Jr., “The Logic of US-China Competition,” Project Syndicate, May 6, 2021, https://www.project-syndicate.org/commentary/joe-biden-us-china-relations-cooperative-rivalry-by-joseph-s-nye-2021-05?barrier=accesspay.

分也取决于美国自身如何改变。保持美国在技术领域的领先地位至关重要，这需要对人力资源和研发进行投资。拜登政府针对这两点提出了计划。与此同时，美国必须应对新的跨国威胁，譬如气候变化和大流行病，新冠疫情在美国夺走的生命超过了自 1945 年以来战争导致的死亡人数的总和。应对这些挑战，需要美国与中国及其他国家展开合作。

拜登总统因此面临着一项艰巨的议程，并将中美竞争视为“斯普特尼克时刻”。尽管拜登总统在讲话中提到了罗斯福总统和 20 世纪 30 年代的经济大萧条，并避免了具有误导性的冷战言论，但一个恰当的类比是 20 世纪 50 年代，艾森豪威尔总统利用苏联发射卫星带来的冲击激发了美国对教育、基础设施和新技术方面的投资。美国现在还能做到这一点吗?

中国的实力确实在增长，但美国具有重要的长期实力优势。首先是地理位置，美国的周围是海洋和友好邻邦，而中国则与邻国印度、日本和越南存在领土争端。其次，美国还具有资源优势。美国现在是一个能源净出口国，中国则依赖经过印度洋的航线进口石油，而美国在印度洋上有着重要的海军部署。

此外，由于拥有全球性机构和美元的国际霸权地位，美国的金融实力强悍。虽然中国渴望在全球金融领域发挥更大的作用，但是可靠的储备货币依赖于货币的可兑换性、深厚的资本市场。美国还有人口优势——美国的劳动力人口正在增加，而中国的劳动力人口已经开始下降。

在关键技术领域，美国也一直走在前沿。美国的研究型大学在全球高等教育排名中名列前茅。而中国在研发方面投入巨大，目前在某些领域也具有良好的竞争力。中国还计划到 2030 年成为全球人工智能领域的领先者。鉴于机器学习作为一种通用技术的重要性，中国在人工智能领域的进步尤其重要。

另外，中国的技术进步不再仅仅基于模仿。美国对中国技术挑战的成功回应，将更多地取决于美国国内的进步，而不是外部的制裁。

随着中国、印度和其他新兴经济体的持续发展，美国在世界经济中的份额仍将低于 21 世纪初 30% 左右的水平。此外，随着其他大国的崛起，大家集体行动提供全球公共产品会变得愈加困难。尽管如此，包括中国在内的任何国家都不可能于未来几十年内在整体实力上取代美国。

亚洲经济的快速增长促进了权力向该区域的横向转移，但亚洲内部也有其自身的权力平衡。中国的权力受到日本、印度和澳大利亚等多国的制衡，美国在其中发挥着至关重要的作用。如果美国保持与盟友的关系，美国被赶出西太平洋的前景就很渺茫。

但与中国竞争只是拜登总统面临的问题之一。正如美国技术专家理查德·丹齐格所指出的那样：“21世纪的技术不仅在分布上是全球性的，其带来的影响也是全球性的。病原体、人工智能系统、计算机病毒以及意外释放的辐射可能会成为影响所有国家的难题。”因此，丹齐格主张：“我们必须推行协商一致的报告制度，共同控制，共享应急方案、规范和条约，缓解我们共同面临的风险。”

在某些领域，美国的单边领导力可以为如何提供公共产品这样的问题给出大部分答案。但是，当涉及气候变化和大流行病等新的跨国问题时，美国需要与其他国家合作。虽然美国的领导力很重要，但美国无法仅凭一己之力来解决这些问题，因为温室气体和病毒不会受到国界或军事力量影响。

在生态相互依存领域，权力博弈成为正和游戏。因此，美国不能简单地考虑对他人行使权力，还必须考虑与他人共同行使权力。在许多跨国问题上，赋予他人权力可以帮助美国实现自己的目标。如果中国提高能源效率并减少二氧化碳排放量，那美国将从中受益。因此，美国必须在竞争的同时与中国合作。

一些人担心中国会将应对气候变化的合作与美国在传统竞争领域的让步联系起来。这种想法忽略了，如果喜马拉雅山上的冰川融化或城镇被洪水淹没，将会给中国带来多大损失。值得注意的是，尽管双边关系紧张，但是中国国家主席习近平还是参加了近期由拜登总统发起的全球气候峰会。

衡量拜登政府对华政策成功与否的一个关键在于，中美两国能否在生产全球公共产品方面进行合作，同时在其他领域展开激烈竞争。中美关系是一种“竞合关系”。这种竞争需要对矛盾的双方予以同等的重视。然而，要做到这一点并不容易。

注 释

第一部分

1. 查看早期案例，参见 John R. P. French and Bertram Raven, "Bases of Social Power," in Dorwin Cartwright and Alvin Zander, eds., *Group Dynamics: Research and Theory*, 3rd edn. (New York: Harper & Row, 1968), pp.259–69。

2. 这是基于最早由阿诺德·沃尔弗斯提出的区分方法，参见 Arnold Wolfers, *Discord and Collaboration: Essays on International Politics* (Baltimore: Johns Hopkins University Press, 1962)。

3. 同上。

4. Milos Forman, "Red Spring Episode 14: The Sixties," interview, available at: http://www.gwu.edu/~nsarchiv/coldwar/interviews/episode-14/forman1.html. Quoted in Matthew Kohut, "The Role of American Soft Power in the Democratization of Czechoslovakia," unpublished paper, April 2003.

5. Assistant Secretary of State Andrew J. Shapiro, "Political-Military Affairs: Smart Power Starts Here," keynote address to ComDef (September 9, 2009), in U.S. Department of State, Diplomacy in Action (Washington, DC: Department of State, 2009), www.state.gov/t/pm/rls/rm/128752.htm.

6. 具体案例参见 Watanabe Yasushi and David McConnell, eds., *Soft Power Superpowers: Cultural and National Assets of Japan and the United States* (Armonk, NY: M. E. Sharpe, 2008)。

7. John Pomfret, "Newly Powerful China Defies Western Nations with Remarks, Policies," *Washington Post*, March 15, 2010.

8. 邓小平的讲话被翻译成各种文字，无不充满审慎的意味。Erik Beukel, "China and the South China Sea: Two Faces of Power in the Rising China's Neighbor hood Policy," May 2010, www.diis.dk/sw92785.asp.

9. Robert Kennedy, "The Elements of Strategic Thinking: A Practical Guide," in Gabriel Marcella, ed., *Teaching Strategy: Challenge and Response* (Carlisle, PA: U.S. Army Strategic Studies Institute, 2010), p.6.

10. Walter A. McDougal, "Can the United States Do Grand Strategy?" *Orbis* 54, no.2 (Spring 2010): 173.

11. John Lewis Gaddis, *Strategies of Containment: A Critical Appraisal of Postwar American National Security Policy* (New York: Oxford University Press, 1982).

12. 评估这种变化需要情境智力。哈佛商学院的安东尼·梅奥（Anthony Mayo）和尼丁·诺里亚（Nitin Nohria）将情境智力定义为了解不断变化的环境并掌握不断变化的市场趋势的能力。在外交政策中，情境智力是一种直觉式的判断技能，有助于将战术与目标结合起来，以在不同的情况下打造巧妙的战略。关于情境智力的属性和维度，参见 Joseph Nye, *The Powers to Lead* (Oxford, UK: Oxford University Press, 2008), chap.4；Anthony Mayo and Nitin Nohria, *In Their Times: The Greatest Business Leaders of the Twentieth Century* (Boston: Harvard Business School Press, 2005)。

13. Charles Krauthammer, "The Bush Doctrine: ABM, Kyoto, and the New American Unilateralism," *Weekly Standard*, June 4, 2001.

14. 最近的美国国家安全战略确定了“我们面对的时代挑战——应对暴力极端主义和骚乱；阻止核武器扩散并确保核材料安全；应对气候变化并维持全球增长；帮助其他国家实现粮食自给和病有所医；在医治冲突创伤的同时化解和预防冲突”。Washington, DC: White House, May 2010, www.whitehouse.gov/sites/default/files/rss_viewer/national_security_strategy.pdf.

15. Michael Mandelbaum, *The Case for Goliath: How America Acts as the World's Government in the Twenty-First Century* (New York: Public Affairs, 2005).

16. Charles P. Kindleberger, *World Economic Primacy: 1500–1990* (Oxford, UK: Oxford University Press, 1996), 223ff.

17. Robert O. Keohane, *After Hegemony: Cooperation and Discord in the World Political Economy* (Princeton, NJ: Princeton University Press, 1984); Duncan Snidal, "The Limits of Hegemonic Stability Theory," *International Organization* 39, no.4 (1985): 580–614.

18. Carla Norrlof, *America's Global Advantage: US Hegemony and Interna-tional Cooperation* (Cambridge, UK: Cambridge University Press, 2010), chap.3.

19. John Ikenberry, "When China Rules the World: The End of the Western World and the Birth of a New Global Order (Review)," *Foreign Affairs* 88, no.6 (November-December 2009): 152–153.

20. 早期阶段的资料参见 Robert Putnam and Nicholas Bayne, *Hanging Together: The Seven-Power Summits* (Cambridge, MA: Harvard University Press, 1984)。

21. Robert Fauver, quoted in Peter Baker and Rachel Donadio, "Group of 8 Is Not Enough Say Outsiders Wanting In," *New York Times*, July 10, 2009.

22. Leonardo Martinez-Diaz and Ngaire Woods, "The G20—the Perils and Opportunities of Network Governance for Developing Countries," briefing paper, November 2009, www.globaleconomicgovernance.org.

23. Anne-Marie Slaughter, "America's Edge: Power in the Networked Century," *Foreign Affairs* 88 (January–February 2009): 99.

24. William Inboden, "What Is Power? And How Much of It Does America Have?" *Holidays* (November–December 2009): 24–25.

25. Joseph S. Nye Jr., *Bound to Lead: The Changing Nature of American Power* (New York: Basic Books, 1990).

26. Paul Kennedy, *The Rise and Fall of the Great Powers: Economic Change and Military Conflict from 1500 to 2000* (New York: Random House, 1987).

27. Edward Hallett Carr, *The Twenty Years' Crisis, 1919–1939: An Introduction to the Study of International Relations* (London: Palgrave Macmillan, 1939).

28. Kenneth N. Waltz, *Theory of International Politics* (Reading, MA: Addison-Wesley, 1979).

29. Geir Lundestad, *"Empire" by Integration: The United States and European*

Integration, 1945–1997 (Oxford: Oxford University Press, 1998).

30. Joseph S. Nye Jr., *The Powers to Lead* (Oxford: Oxford University Press, 2008).

31. Niall C. Ferguson, "Think again: power," *Foreign Policy* (March–April 2009): 18–24.

32. Joseph S. Nye Jr., *The Future of Power* (New York: Public Affairs, 2011).

33. Portland Communications and Facebook. "The Soft Power 30 Report," http://softpower30.portland-communications.com/wp-content/themes/soft power/pdfs/the_soft_power_30.pdf, accessed 12 January 2017.

34. David A. Baldwin, *Power and International Relations: A Conceptual Approach* (Princeton, NJ: Princeton University Press, 2016).

35. 典型的例子是，丹麦外交部专门设置了科技大使，在硅谷和北京均设有办事处。脸书在全球的用户人数比美国和中国的总人口还要多。

36. Martin Wolf, "The Long and Painful Journey to World Disorder," *Financial Times*, January 5, 2017; Fareed Zakaria, "The Self-Destruction of American Power," *Foreign Affairs* 92 (July/August 2019): 10–16.

第二部分

1. NPR 周末版采访，2003 年 7 月 13 日。

2. Richard Bernstein, "Foreign Views of U.S. Darken After Sept 11," *New York Times*, September 11, 2003.

3. Paul Kelly, "Power Pact," *The Australian*, July 26, 2003.

4. Eurobarometer #59, Spring 2003.

5. Pew Global Attitude Project, *What the World Thinks in 2002* (Washington, DC: Pew Research Center for the People and the Press, 2002), T-49.

6. Gallup International, "Post War Iraq 2003 Poll," accessed at http://www.gallup-intemational.com; Pew Global Attitudes Project, *Views of a Changing World June 2003* (Washington, DC: Pew Research Center for the People and the Press, 2003), T-132. 皮尤研究中心可应要求提供年龄统计数据。

7. 可比较《新闻周刊》1983 年的民意调查与当今皮尤全球态度调查（Pew

Global Attitudes Project)。

8. Wendy Melillo, "Ad Industry Doing Its Own Public Diplomacy," *Adweek*, July 21, 2003.

9. Fouad Ajami, "The Falseness of Anti-Americanism," *Foreign Policy* (September/October 2003): 61.

10. Cal Thomas, "Muzzling the Wrong Dog," *Washington Times*, October 23, 2003. 托马斯在为威廉·博伊金（William Boykin）将军的反伊斯兰言论辩护。

11. "Poll: One-third of Germans believe US may have staged Sept 11 attacks," *Reuters*, July 23, 2003.

12. 法国驻美大使莱维特抱怨美国民众在2003年针对法国的一系列虚假谣言。参见 Kim Housego, "France calls for fuller U.S. response to allegations of disinformation campaign," *Associated Press*, May 16, 2003。

13. *National Security Strategy of the United States*, accessed at http://www.whitehouse.gov/nsc/nss.html.

14. John Lewis Gaddis, "Bush's Security Strategy," *Foreign Policy* (November/December 2002): 50–57.

15. Eric Schmitt quoting General John Abizaid, "General in Iraq Says More G.I.s Are Not the Answer," *New York Times*, August 9, 2003.

16. Steven Weisman, "U.S Set to Cede Part of Control over Aid for Iraq," *New York Times*, October 20, 2003.

17. Max Boot, "America and the UN, Together Again?" *New York Times*, 3 August 2003; Charles Krauthammer, "Help Wanted," *TIME* (September 1, 2003): 72.

18. Qingxin Ken Wang, "Hegemony and Socialisation of the Mass Public: the Case of Postwar Japan's Cooperation with the United States on China policy," *Review of International Studies* 29 (2003): 119.

19. John Arquilla and David Ronfeldt, *The Emergence of Noopolitik: Toward an American Information Strategy* (Santa Monica, CA: RAND Corp., 1999), p.52.

20. Robert Kaplan, interview in "Islam vs. the West," *Rolling Stone* (August 7, 2003): 38.

21. Quoted in "A Classicist's Legacy: Empire Builders," *New York Times*, *Week in*

Review, May 4, 2003.

22. Max Boot, "The Case for an American Empire," *The Weekly Standard*, October 15, 2001.

23. Andrew Bacevich, *American Empire: The Realities and Consequences of U.S. Diplomacy* (Cambridge, MA: Harvard University Press, 2002).

24. David Abernethy, *The Dynamics of Global Dominance: European Overseas Empires 1415–1980* (New Haven, CT: Yale University Press, 2000), p.19.

25. "U.S. Officials See Signs of a Revived AI Qaeda in Several Nations," *New York Times*, May 17, 2003.

26. Joschka Fischer quoted in John Vinocur, "German Official Says Europe Must Be U.S. Friend, Not Rival," *New York Times*, July 19, 2003.

27. Niall Ferguson, "The Empire Slinks Back," *New York Times Magazine* (April 27, 2003): 52.

28. Ernest May, *American Imperialism: A Speculative Essay* (Chicago, IL: Imprint Publications, 1991).

29. Michael Ignatieff, "American Empire: The Burden," *New York Times Magazine* (5 January 2003): 22.

30. Walter Russell Mead, *Special Providence: American Foreign Policy and How It Changed the World* (New York: Alfred A. Knopf, 2001).

31. Eric Schmitt, "Rumsfeld Says More G.I.s Would Not Help U.S. in Iraq," *New York Times*, September 11, 2003.

32. Newt Gingrich, "Rogue State Department," *Foreign Policy* (July 2003): 42.

33. Juliette Antunes Sablosky, "Recent Trends in Department of State Support for Cultural Diplomacy: 1993–2002," http://www. culturalpolicy.org.

34. Michael Holtzman, "Washington's Sour Sales Pitch," *New York Times*, October 4, 2003.

35. Peter Slevin, "U.S. Pledges Not to Torture Terror Suspects," *Washington Post*, June 27, 2003.

36. Philip Stephens, "The World Needs a Confident America, Not a Fearful One," *Financial Times* (December 12, 2002): 21.

37. Cathy Newman, "Blair Tells Congress 'Don't Give Up on Europe—Work With It,'" *Financial Times* (July 18, 2003): 1.

38. Richard Stevenson, "New Threats and Opportunities Redefine U.S. Interests in Africa," *New York Times*, July 7, 2003.

39. Gallup Poll, Ltd., "European Attitudes Toward the Gulf Crisis," October 1990.

第三部分

1. Oswald Spengler, trans. Charles Francis Atkinson, *The Decline of the West* (New York: Alfred A. Knopf, 1926); Francis Fukuyama, *The End of History and the Last Man* (New York: Free Press, 1992); Samuel P Huntington, *The Clash of Civilizations* (New York: Simon & Schuster, 1996).

2. Joseph S. Nye, Jr., *The Future of Power* (New York: Public Affairs, 2011), chap. 6.

3. Bill Emmott, *Rivals: How the Power Struggle Between China, India and Japan Will Shape Our Next Decade* (New York: Harcourt, 2008). 这一见解为哈尔·布兰兹（Hal Brands）和扎克·库珀（Zack Cooper）所列举的4种战略（通融、集体平衡、全面施压、政权更迭）中最合理的战略提供了依据，参见Hal Brands and Zack Cooper, "After Responsible Stakeholder, What? Debating America's China Strategy," *Texas National Security Review*, February 2020。

4. Graham Allison, *Destined for War: Can America and China Escape Thucydides' Trap*? (New York: Houghton Mifflin, 2018). 迈克尔·贝克利（Michael Beckley）对这一分析有所质疑，认为权力转移理论充斥着误判。参见"The Power of Nations: Measuring What Matters," *International Security* 43, no.2 (Fall 2018): 42–43。科里·沙克（Kori Schake）认为目前只有一个案例。参见*Safe Passage: The Transition from British to American Hegemony* (Cambridge, MA: Harvard University Press, 2017)。

5. Joshua Shifrinson, *Rising Titans: Falling Giants* (Ithaca, NY: Cornell University Press, 2018).

6. Michael Beckley, "The Power of Nations: Measuring What Matters," *International Security* 43, no.2 (Fall 2018): 22.

7. Chas W. Freeman Jr, "China's National Experiences and the Evolution of PRC Grand Strategy," in David Shambaugh, ed., *China and the World* (Oxford: Oxford University Press, 2020), p.56.

8. "Special Report: China's Belt and Road," *The Economist*, February 8, 2020.

9. Portland Consultancy, *The Soft Power 30*, London, 2018.

10. Kai-Fu Lee, *AI Superpowers: China, Silicon Valley and the New World Order* (Boston: Houghton Mifflin, 2018), p.83.

11. Meghan O'Sullivan, *Windfall: How the New Energy Abundance Upends Global Politics and Strengthens America's Power* (New York: Simon & Schuster, 2017).

12. Adele Hayutin, *Global Workforce Change: Demographics Behind the Headlines* (Stanford, CA: The Hoover Institution, 2018).

13. Kai-Fu Lee, *AI Superpowers: China, Silicon Valley and the New World Order* (Boston: Houghton Mifflin, 2018).

14. John Deutch, "Assessing and Responding to China's Innovation Initiative," in *Technology and National Security: Maintaining America's Edge*, eds. Leah Bitounis and Jonathon Price (Washington: Aspen Institute, 2019), p.163.

15. *Conversation with Lee Kuan Yew*, Singapore, September 22, 2012; Joseph S. Nye, Jr., *Is the American Century Over?* (Cambridge: Polity Press, 2015), p.77.

16. Ceri Parker, "China's Xi Jinping Defends Globalization from the Davos Stage," World Economic Forum, January 27, 2017; "Statement by Wang Yi," filmed February 17, 2017, Munich Security Conference, 23:41.

17. Michael Mazarr, Timothy Heath, and Astrid Cevallos, *China and the International Order* (Santa Monica, CA: RAND Corporation, 2018), p.4.

18. 详细分析，可参见 Joseph Nye, "Power and Interdependence with China," *The Washington Quarterly* 43, no.1(2020): 7–21。

19. 本节改编自 Joseph Nye Jr., *Do Morals Matter? Presidents and Foreign Policy from FDR to Trump* (New York: Oxford University Press, 2020)。

20. Bobo Lo, *A Wary Embrace: What the Russia–China Relationship Means for the World* (Docklands, VIC: Penguin Random House Australia, 2017).

21. Orville Schell and Susan L Shirk, Chairs, *Course Correction: Toward an Effective and Sustainable China Policy* (New York: Asia Society Task Force, February 2019).

第四部分

1. Chalmers Johnson and E. B. Keehn, "The Pentagon's ossified strategy," *Foreign Relations*, July/August 1995.

2. Joseph S. Nye Jr., *Understanding International Conflicts: An Introduction to Theory and History*, 3rd edn. (New York: Longman, 2000), chap.1 and passim.

3. Yoichi Funabashi, *Alliance Adrift* (New York: Council on Foreign Relations Press, 1999), chap.12.

4. George Friedman, Meredith Lebard, *The Coming War with Japan* (New York: St Martin's Press, 1991).

5. C. Wolf, "Don't give in to China's tantrums," *Asian Wall Street Journal*, December 3, 1996.

6. 有关权力平衡的术语，参见 Joseph S. Nye Jr., *Understanding International Conflicts: As Introduction to Theory and History*, 3rd edn. (New York: Longman, 1999), pp.54–64。

7. 这似乎是塞缪尔·亨廷顿在《文明的冲突与世界秩序的重建》中阐述的意见之一。亨廷顿在书中写道："为了避免重大文明之间的战争，核心国家需要避免干预其他文明间的冲突。" Samuel P. Huntington, *The Clash of Civilizations and the Remaking of World Order* (New York: Simon and Schuster, 1996), p.316.

8. Joseph S. Nye Jr., "East Asia: the case for deep engagement," *Foreign Affairs*, July/August, 1995.

9. Christopher Layne, "Less is more: minimal realism in East Asia," *National Interest*, Spring, 1996.

10. 1996 年 10 月 23 日，安东尼·莱克（Anthony Lake）在华盛顿特区的日美协会发表讲话时引用了克林顿总统的原话。

11. Mikhail Nosov, "Challenges to the Strategic balance in East Asia on the Eve of the 21st Century: A View from Russia," *Center for Naval Analysis* (1997): 32.

12. Zbigniew Brzezinski, Z., "A geostrategy for East Asia," *Foreign Affairs* (September/October, 1997): 61.

13. Asian Development Bank, *Emerging Asia: Changes and Challenges* (Manila: Asian Development Bank, 1997), p.11.

14. Jane Perlez, "South Korean says North agrees US troops should stay," *New York Times*, September 11, 2000.